Emily Bennington
Wunder geschehen in jedem Augenblick

D1729620

via nova
Verlag Via Nova

EMILY
BENNINGTON

Wunder geschehen in jedem Augenblick

»EIN KURS IN WUNDERN«
IM ALLTAG UND IM BERUF

Mit einem Vorwort von Marianne Williamson
Autorin des Bestsellers *Rückkehr zur Liebe*

Verlag Via Nova

Übersetzung aus dem Englischen:
Ulrike Kraemer

Originaltitel:
MIRACLES AT WORK
Turning Inner Guidance Into Outer Influence

© 2017 Emily Bennington
Vorwort © 2017 Marianne Williamson

This translation published by arrangement
with Sounds True and Agence Schweiger

1. Auflage 2018
Verlag Via Nova, Alte Landstr. 12, 36100 Petersberg
Telefon: (06 61) 6 29 73
Fax: (06 61) 96 79 560
E-Mail: info@verlag-vianova.de
Internet: www.verlag-vianova.de
Umschlaggestaltung: Guter Punkt, München
Satz: Sebastian Carl, Amerang
Druck und Verarbeitung: Appel und Klinger, 96277 Schneckenlohe

ISBN 978-3-86616-425-3

Gewidmet Helen Schucman und William Thetford dafür,
dass sie *Ein Kurs in Wundern* in die Welt gebracht haben.

Und meiner Großmutter Mary Lou Bennington,
die ihn nicht brauchte, um die Verkörperung
bedingungsloser Liebe zu sein.

INHALT

Es gibt ein Licht in dir,
das von der Welt nicht
wahrgenommen werden kann.
Und mit ihren Augen wirst
du dieses Licht nicht sehen,
denn du wirst durch die Welt
geblendet. Und dennoch hast
du Augen, es zu sehen.

EIN KURS IN WUNDERN, Ü-I.189.1:1–3

Vorwort

VON MARIANNE WILLIAMSON

Wissen ist Macht, und es gibt keine größere Macht als die spirituelle Erkenntnis, weil sie die tiefste Form des Wissens ist. Sie lässt uns begreifen, wer wir sind und wie wir funktionieren, wie wir ins Universum hineinpassen und wo unsere wahre Macht liegt.

In ihrem Buch *Wunder geschehen in jedem Augenblick* wendet Emily Bennington die Erkenntnisse, die sie aus *Ein Kurs in Wundern* – eine der größten spirituellen Lehren unserer Zeit – gewonnen hat, auf einen Lebensbereich an, dem sehr große Bedeutung zukommt und der für Millionen von Menschen häufig mit großer Angst besetzt ist. Die Strategie, „den Bullen bei den Hörnern zu packen", hat sich als zweifelhaftes Rezept erwiesen, wenn es darum geht, beruflich erfolgreich zu sein. Manchmal führt sie zum Erfolg und manchmal tut sie es nicht, aber oft führt sie dazu, dass nicht nur wir selbst, sondern auch die Menschen in unserer Umgebung leiden. Ein hohes Maß an Stress, Ängste, fehlender Geistesfrieden und gescheiterte Beziehungen säumen häufig unseren beruflichen Weg, während wir tagtäglich darum ringen, die üblichen Komplikationen des Berufslebens zu meistern. Es läuft etwas grundlegend falsch, wenn so viel Kopfweh und Herzweh damit verbunden sind, dass Menschen es in der Welt zu etwas bringen wollen.

Aber gibt es eine Alternative? Es reicht nicht, sich nur von einer dysfunktionalen Weltsicht zu lösen. Wir müssen uns zugleich eine bessere Weltsicht zu eigen machen. *Ein Kurs in Wundern* ist eine bessere Weltsicht, und Emily Bennington bringt sie uns auf wunderbare Weise näher. Sie führt uns über das etablierte Paradigma hinaus, das unser berufliches Denken derzeit beherrscht, und sie beginnt damit, indem sie – um *Ein Kurs in Wundern* zu zitieren – „die Möglichkeit in Betracht zieht, dass es einen besseren Weg geben könnte." Wir können unseren mentalen Filter wechseln und zu einer Sichtweise gelangen, die anstelle einer endlosen Kaskade aus Ängsten und Sorgen unseren inneren Frieden befördert.

Es wird uns nur dann gelingen, in unseren Lebensumständen vom Schmerz zum Frieden zu gelangen, wenn wir unsere Psyche von einem Instrument des Chaos in ein Instrument der Liebe verwandeln. Unser Berufsleben kann sich nur dann verändern, wenn wir uns ändern.

Die spirituelle Reise ist ein Weg des Herzens. Sie ist ein innerer Prozess, der äußere Wirkungen nach sich zieht. Ein grundlegender spiritueller Wandel im Denken – fort von Gedanken, die Schuld zuweisen, hin zu Gedanken, die segnen, und fort von Gedanken, die verurteilen, hin zu Gedanken, die vergeben – wirkt sich auf jeden Bereich unseres Lebens aus, weil er *uns* verändert. Er erhebt uns über die lieblosen und sorgenvollen Energien, die unserem Wohlergehen im Weg stehen, weil sie unseren Beziehungen im Weg stehen und unsere Fähigkeiten untergraben. Emily Bennington schreibt dazu: „Die Liebe kann Ihr Berufsleben erst dann verwandeln, wenn sie zuvor Sie selbst verwandelt hat."

Das spirituelle Verständnis der breiten Masse hat sich in den letzten Jahrzehnten grundlegend verändert. Die Spiritualität wird nicht mehr nur als ein Aspekt gesehen, der vom Rest unseres Daseins getrennt ist, sondern als Vorbild für ein richtiges Leben, das allen Lebensbereichen zugrunde liegt. Die Liebe wird nicht mehr nur als eine rührselige Sache gesehen, die in bestimmte Lebensbereiche verdrängt wird, sondern als Sinn und Wesenskern des Lebens selbst. Der Weg des Herzens ist für alle Lebensbereiche von großer Bedeutung.

Es ist jedoch nicht immer leicht, die praktische Umsetzung dieses Prinzips – vor allem am Arbeitsplatz – zu lernen. Viele Menschen würden sich die Frage stellen, was es denn eigentlich bedeutet, die Liebe in den Konferenzraum hineinzutragen. Deshalb ist dieses Buch so wichtig.

Emily Bennington benutzt die Prinzipien von *Ein Kurs in Wundern*, um den Leser durch Situationen im Arbeitsalltag zu führen, die jeder Berufstätige von heute mühelos nachvollziehen kann, und zeigt dem gestressten Arbeitgeber oder Arbeitnehmer damit einen Weg auf, der ihn aus der Hölle befreit. Wenn wir von der primären Identifikation mit unseren weltlichen

Rollen hin zur Identifikation mit unserer spirituellen Funktion als Praktizierende der Liebe und der Vergebung gelangen, werden wir feststellen, dass wir im Beruf nicht weniger effektiv sind, sondern dass vielmehr das Gegenteil der Fall ist. Wir stellen fest, dass wir ruhiger und von einem höheren Maß an Frieden erfüllt sind und dass wir von anderen Menschen in höherem Maße wertgeschätzt werden. Spiritualität ist nicht gleichbedeutend mit einem Leben der Aufopferung. Sie ist vielmehr gleichbedeutend mit einem Leben, das ein höheres Maß sowohl an innerer als auch an äußerer Macht besitzt.

Emily Bennington ist keineswegs naiv, wenn es um die heutige Arbeitswelt geht. Sie hat als Coach mit zahlreichen Führungskräften gearbeitet und Bestseller zu diesem Thema geschrieben. Sie weiß sowohl in weltlichen als auch in spirituellen Belangen, wovon sie spricht. Sie weiß, dass ein Rezept sowohl für den persönlichen als auch für den beruflichen Erfolg darin besteht, beide Bereiche in Übereinstimmung zu bringen, und mit diesem Buch erweist sie all den Menschen einen großen Dienst, die ein von tieferem Frieden erfülltes, erfolgreicheres Leben anstreben. In ihren eigenen Worten „ist die spirituelle Intelligenz weit mehr als nur ein Werkzeug, das Ihre persönliche Entwicklung fördern soll. Sie ist ein Werkzeug, das Ihr gesamtes Leben grundlegend verändert.“

Dieses Buch ist also ein Leitfaden nicht nur für den Arbeitsplatz, sondern für Ihr gesamtes Leben. Wenn Sie es lesen, werden Sie allmählich den Gedanken berichtigen, dass es zwischen beiden jemals eine Trennung gegeben hat. Manchmal ist es schwer, „die Liebe zu finden“, wenn man versucht, Termine einzuhalten, die Umsatzzahlen zu erreichen und die anstehenden Rechnungen zu bezahlen. Emily Bennington weist jedoch darauf hin, dass – wo immer wir sind und was immer wir tun – der einzige Weg, „die Liebe zu finden“, darin besteht, die Liebe zu *sein*.

Dergestalt ist das Wunder. Dergestalt ist die Arbeit. Dergestalt ist dieses Buch.

Einführung

IST DIE GESCHÄFTSWELT
SPIRITUELL?

Also, meine Herrschaften. Bitte stellen Sie jetzt Ihre Kaffeetasse ab und schließen Sie die Augen.

Der Konferenzleiter wirkte nervös und ein wenig überfordert, als er vom Podium herab auf die Menge der CEOs, Berater und Unternehmer blickte, die in Washington, D.C. zu einer Gipfelkonferenz in achtsamer Mitarbeiterführung zusammengekommen waren.

Genau genommen schien er sogar ziemlich überrascht zu sein, dass wir überhaupt erschienen waren.

Konnte eine Gruppe überambitionierter Führungskräfte, die von ihrem logischen Denken gesteuert wurden, denn *wirklich* an einer zweitausendsechshundert Jahre alten Kontemplationspraxis interessiert sein?

Und dennoch waren wir hier.

Über fünfhundert Teilnehmer, alle auf einer Galerie zusammengepfercht, die so klein war, dass manche Leute sogar noch Glück hatten, wenn sie im hinteren Bereich des Raums einen Stehplatz fanden. Die, die weniger Glück hatten, mussten nebenan per Videostream zuschauen.

TIIIIIIIIIIIINNNNNNNNGGGGG ...

Die Eröffnungsglocke hallte laut durch den Raum, während das Dröhnen mehrerer hundert Gespräche, die alle gleichzeitig stattfanden, allmählich nachließ und dann ... Stille.

Es war nicht unser erstes Mal.

„Vielen Dank", sagte der Konferenzdirektor. „Nun möchte ich, dass Sie einmal einen kurzen Moment darüber nachdenken, was Sie hierhergebracht hat. Ich möchte, dass Sie darüber nachdenken, was Sie zu erreichen ho –."

Er musste den Satz gar nicht zu Ende bringen.

Ich wusste es bereits.

Tatsächlich war ich nur aus einem einzigen Grund nach Washington gekommen. Ich wollte eine Frage stellen, die mich quälte, seit ich als Karriereberaterin zunehmend Klienten anzog, deren persönliche Herausforderungen weit über rein berufliche Dinge hinausgingen.

Verrat.

Sucht.

Eine Krebsdiagnose.

Der Verlust eines Kindes.

Ein wieder aufgebrochenes Kindheitstrauma.

Die Liste ließe sich beliebig fortsetzen.

Je komplexer die Geschichten wurden, umso mehr spürte ich das tiefe Bedürfnis, diesen Klienten etwas mitzuteilen – und zögerte immer wieder. Irgendwann machte mir der Gedanke, es ihnen *nicht* zu sagen, dann aber wieder zu schaffen, und der ganze Kreislauf begann von vorne.

Ich nahm an dieser Gipfelkonferenz teil, um meinen „Stamm" um Rat zu fragen. Schließlich handelte es sich um Führungskräfte, die alle einen Meditationsraum direkt neben dem Sitzungssaal hatten. Um die Sorte, die eine Mala zum Geschäftsanzug trägt und den Urlaub in einem Ashram verbringt. Wenn überhaupt jemand meinen inneren Kampf verstehen konnte, dann waren sie es.

So kam es, dass ich vor dem versammelten Publikum und einem Gremium aus Fachleuten ein Mikrofon in der Hand hielt und endlich die Frage stellte, die mir seit fast zwei Jahren im Kopf herumschwirrte:

„Wenn Achtsamkeit von ihrem Ursprung her eine spirituelle Praxis ist, welche Rolle spielt die Spiritualität dann in der Wirtschaft und auf den Führungsetagen von Unternehmen?"

Irgendjemand in der Menge hinter mir stieß einen lauten Seufzer aus, und es folgte ein Moment unbehaglicher Stille, während die Mitglieder des Gremiums sich gegenseitig ansahen, als wollten sie sagen:

„Beantworte du die Frage."

„Nein, beantworte du sie."

„Nein, *du* beantwortest sie."

Ehe überhaupt jemand antworten konnte, schaltete sich jedoch der Moderator ein und gab eine Antwort, die in etwa so lautete:

Die Geschäftswelt ist nicht spirituell. Die nächste Frage, bitte.

Im Anschluss an die Konferenz nahmen mich einige Teilnehmer beiseite, um die Botschaft zu verstärken. Einer von ihnen ließ die denkwürdige Bemerkung fallen, dass Gott mit Pornographie vergleichbar sei. „Du machst es nur, wenn du musst, ganz privat, und du redest *niemals* darüber."

Eine Zeitlang hörte ich auf diesen Rat und versuchte, meine „spirituelle" Arbeit von meiner „wirklichen" Arbeit in der Karriereberatung zu trennen, aber es war nicht von Dauer. Schon bald klopften dieselben Fragen wieder an meine Tür, und sie wurden mit jedem Mal lauter.

Wie können wir in Zeiten, in denen wir vor enormen Herausforderungen stehen, uns selbst und unsere Mitarbeiter kompetent führen ohne den Perspektivenwechsel, den uns die Spiritualität bietet?

Wie können wir diese veränderte Perspektive täglich in unsere Arbeit einbringen, ohne dass die Kollegen glauben, wir seien naiv und man könne sich unserer Sichtweise weder anschließen noch sie anderweitig unterstützen?

Interessanterweise hat die jüngste Umfrage des Pew Research Center zu religiösen Trends ergeben, dass sich etwa vierundachtzig Prozent der Weltbevölkerung mit einer bestimmten Glaubenstradition identifizieren.[1] Sogar unter den verbleibenden sechzehn Prozent, die angaben, keine religiöse Zugehörigkeit zu haben, hatten viele der Befragten sich dennoch spirituelle Überzeugungen wie etwa den Glauben an eine unsterbliche Seele bewahrt. Wenn man also bedenkt, dass die große Mehrheit der Weltbevölkerung ein wie auch immer geartetes spirituelles Fundament hat, und dies mit der Tatsache in Verbindung bringt, dass Berufstätige im Durchschnitt vierzig (und häufig deutlich mehr) Stunden pro Woche arbeiten, *verwundert es nicht wirklich, dass die Grenze zwischen Beruf und Spiritualität ein wenig verschwimmt.*

Wir verbringen regelmäßig weit mehr Zeit am Arbeitsplatz als mit unserer Familie (oder mit anderen Dingen – auch mit Schlafen[2]), und trotzdem wird erwartet, dass wir jeden Einfluss, den unser spirituelles Leben auf unseren Beruf nehmen könnte, täglich an der Bürotür abgeben.

Es überrascht nicht wirklich, dass dies bei vielen Berufstätigen, die vor den oben genannten oder ähnlichen persönlichen Herausforderungen stehen, ganz einfach nicht funktioniert. Es funktioniert ebenso wenig bei den Menschen, die den Wunsch haben, positive Glaubenslektionen wie Demut, Mitgefühl oder Nicht-Anhaftung auf ihre Arbeit zu übertragen, ohne Angst haben zu müssen, als schwach, abstoßend oder einfältig verurteilt zu werden.

Klingt das vertraut? Dann sind Sie hier richtig. Mit diesem Buch möchte ich Ihnen nicht nur zeigen, dass spirituelle Prinzipien auf allen Ebenen der Wirtschaft *tatsächlich* eine Rolle zu spielen haben, sondern Sie auch mit einem metaphysischen Text namens *Ein Kurs in Wundern* vertraut machen und aufzeigen, dass insbesondere der Weg des *Kurses* das Geheimnis erfolgreicher Führerschaft in sich birgt.

Ich weiß es, weil ich nicht nur als langjährige Schülerin des *Kurses*, sondern auch als Trainerin für achtsame Mitarbeiterführung die Resultate mit eigenen Augen gesehen habe. Die Aussage, dass der *Kurs* sich positiv auf meine eigene Karriere ausgewirkt hat, wäre eine starke Untertreibung.

Er hat alles geändert.

Je mehr ich auf dieses rätselhafte blaue Buch zurückgriff, umso stärker erlebte ich die außergewöhnlichen Perspektivenwechsel, die es verspricht. Nach außen hin hatte sich nichts geändert, denn ich hatte immer noch dieselbe Stelle, denselben Tatendrang und dieselben Termine, die es einzuhalten galt, aber die inneren Veränderungen waren unbestreitbar.

Die kritische Stimme verstummte.

Die nervenaufreibende Fixierung auf Ergebnisse verschwand.

Eine „Krise" konnte mir nicht mehr den ganzen Tag verderben.

Vor allem meine Beziehungen verbesserten sich dramatisch.

Diese Ergebnisse wünsche ich auch Ihnen, und ich bin sicher, dass Ihre Karriere ebenfalls viele ähnlich außergewöhnliche und dauerhafte Veränderungen durchlaufen wird, wenn Sie die Prinzipien von *Ein Kurs in Wundern* mit Hilfe der in diesem Buch vorgestellten Lektionen und Übungen anwenden:

- Sie zeigen die Art von Führungspräsenz, die Kollegen und Vorgesetzte spüren und der sie folgen wollen.
- Herausforderungen und Hindernisse am Arbeitsplatz können Sie weniger frustrieren, da Ihre Sichtweise sich grundlegend ändert.
- Sie arbeiten effektiver in einem Team und finden größere Freude in der Erfahrung.

- Die emotionale Belastung, die Sie bei einem schwierigen Arbeitsverhältnis empfinden, wird geringer, und Sie wissen, was zu tun ist, wenn sie wieder auftritt.
- Sie treffen bessere, klarsichtigere Entscheidungen.
- Ihr ganzes Berufsleben ist von einem Gefühl der Mühelosigkeit und der Gnade durchdrungen.

Die Wirkung, die der *Kurs* auf Ihr Berufsleben hat, lässt sich am prägnantesten in dem Satz zusammenfassen, dass das Chaos in Ihrem Leben verschwindet, wenn Sie für chaotisches Denken nicht mehr zur Verfügung stehen. Obwohl die *Auswirkungen* dieses Perspektivenwechsels äußerlich und, wie Sie feststellen werden, für Ihre Kollegen direkt sichtbar sind, ist die *Ursache* der Veränderungen innerer – und zutiefst spiritueller – Natur.

Angesichts des hohen Maßes an Argwohn, das vorhanden sein kann und muss, wenn eine Religion versucht, in die Geschäftswelt vorzudringen, werden Ihre Kollegen (und die anderen Teilnehmer an meiner Gipfelkonferenz) jedoch erfreut sein zu hören, dass es in diesem Buch NICHT darum geht, Ihren Glauben zu verkünden oder im Büro neue Schüler für den *Kurs* anzuwerben.

Ich möchte tatsächlich sogar gleich zu Beginn meine Meinung dazu klar äußern: Bitte, tun Sie es nicht.

Es geht in diesem Buch darum, die LIEBE *in Ihre Arbeit hineinzutragen.* Allerdings ist damit keine romantische, naive oder sogar grenzenlose Liebe gemeint. Wie im *Kurs* selbst geht es in diesem Buch um eine heilige LIEBE zu allem Leben. Es ist eine heilige LIEBE, die über jede Verhaltensform und jeden Persönlichkeitsunterschied hinausgeht zum Wesenskern unserer wechselseitigen Verbundenheit mit allem Sein. Die frühen Griechen haben diese Form der Liebe als *Agape* bezeichnet. Die Traditionen des Ostens haben den Geist dieser Liebe mit den beiden Flügeln eines Vogels – der Weisheit und dem Mitgefühl – verglichen, von denen jeder den jeweils anderen braucht, um fliegen zu können. Wie kann die Welt angesichts dieser Umdeutung *nicht* gewinnen, wenn die Spiritualität auch unsere Arbeitswelt durchdringt?

Das ist es, was den *Kurs* auch im Berufsleben zu einem so bemerkenswerten Weg macht. Nicht, weil er Gott als die LIEBE definiert (was er tut, aber das macht ihn kaum einzigartig). Was den *Kurs* einzigartig macht, ist die

Tatsache, dass er Ihnen zeigt, wie Sie Ihr Leben radikal verbessern können, indem Sie genau diese heilige LIEBE auf alles anwenden, auch – und für unsere Zwecke *vor allem* – auf Ihre Arbeit. Wenn das Leben – wie Sie ja bereits wissen – ein Klassenzimmer ist, dann ist der Arbeitsplatz definitiv der Ort, an dem uns einige unserer kniffeligsten Aufgaben zugewiesen werden. Und so lautet die Frage, die wir gemeinsam beantworten wollen, wie Sie sich diesen Aufgaben als Ihr höchstes SELBST stellen können.

Das klingt einfach, ist es aber nicht. Die Komplexität der heutigen Geschäftswelt macht vor allem in Verbindung mit Persönlichkeitsunterschieden und dem Tempo, in dem wir uns bewegen sollen, das Arbeitsleben extrem schwierig.

Wenn Sie jedoch anfangen, die Wunder zu wirken, die der *Kurs* lehrt, machen Sie sich bereit! Die Menschen, die darauf gewartet haben, dass in der Geschäftswelt eine neue Kultur entsteht, haben auf Sie gewartet. Bekehrungsversuche inspirieren sie nicht, *Ihre authentische Präsenz dagegen schon*. Das liegt daran, dass die LIEBE, die sich durch einen sowohl mit der Weisheit als auch mit dem Mitgefühl verbundenen Geist erhebt, immer die wahrste aller spirituellen Wahrheiten aufzeigt: Unsere wirkliche Macht ist Gnade, nicht berufliche Stellung.

Eine Karriere, die auf den Flügeln des Urteils und der Konkurrenz aufgebaut ist, kann dagegen ganz einfach nicht fliegen.

Während ich an diesem Buch arbeitete, wurde ich übrigens häufig daran erinnert, dass Dysfunktionalität am Arbeitsplatz einer der Hauptgründe dafür war, dass der *Kurs* überhaupt geschrieben wurde. Die Geschichte seiner Entstehung können Sie im Kapitel *Häufig gestellte Fragen* im Anhang nachlesen. An dieser Stelle möge es genügen, dass vor mehr als fünfzig Jahren die Schreiber des *Kurses* ihre eigenen Herausforderungen als Katalysator nutzten, um ein Meisterwerk und eine Bewegung zu erschaffen, die zahllose Menschen auf der ganzen Welt bis heute inspirieren.

Die Geschäftswelt ist also doch spirituell.

Ich heiße Sie zu den Wundern willkommen, die in jedem Augenblick geschehen können.

Emily

ANMERKUNGEN ZUR PHILOSOPHIE
UND ZUM AUFBAU DIESES BUCHES

Spirituell oder religiös?

Ehe wir beginnen, halte ich es für sinnvoll, zunächst einige Anmerkungen zum Aufbau dieses Buches zu machen. Zuallererst möchte ich darauf hinweisen, dass es ein spirituelles und kein religiöses Buch ist. Auch wenn diese beiden Worte viel Spielraum für eine Begriffsanalyse bieten, schließe ich mich dennoch der breiten Auffassung an, dass die Religion eine Reihe strukturierter und konkreter Überzeugungen und Rituale beinhaltet, während die Spiritualität das uns allen angeborene Bedürfnis widerspiegelt, uns mit etwas zu verbinden, das größer und intelligenter ist als wir selbst. Das macht Religion und Spiritualität nicht zu Gegensätzen, sondern nur zu verschiedenen Wegen, die zum selben Ort führen können. Wir können unseren eigenen, unverwechselbaren Weg anerkennen und die Rolle würdigen, die ihm zukommt, wenn es darum geht, uns ein Gefühl für unsere Kultur und unsere Identität zu geben, während uns gleichzeitig jedoch bewusst ist, dass der Weg nicht das Ziel ist. Er ist nur eine Möglichkeit, dorthin zu gelangen.

Trotzdem ist dies ein Buch, das über Gott spricht. Wir tauchen gleich vom ersten Kapitel an sehr tief und sehr schnell in die Materie ein, und ich möchte weder etwas schönreden noch mich vorsichtig herantasten müssen. Seien Sie also gewarnt, dass wir voll einsteigen. Ich bin davon überzeugt, dass die in *Ein Kurs in Wundern* enthaltenen Prinzipien Ihr gesamtes Berufsleben unabhängig von Ihrer Position oder der Branche, in der Sie tätig sind, nachhaltig verändern können, und um diese Prinzipien präzise zu vermitteln, habe ich beschlossen, die Sprache des *Kurses* beizubehalten. Dazu gehört die Verwendung traditionell christlicher Begriffe wie Gott, Christus und Heiliger Geist, obwohl Sie feststellen werden, dass der *Kurs* diese Begriffe auf eine alles andere als traditionelle Weise verwendet. Mehr dazu finden Sie im Kapitel *Häufig gestellte Fragen* im Anhang dieses Buches.

Trotzdem werden Sie weder dazu aufgefordert, bestehende Zugehörigkeiten oder Traditionen aufzugeben, noch dazu, neue Traditionen zu übernehmen. Die Prinzipien von *Ein Kurs in Wundern* sollen Ihnen ganz einfach die Möglichkeit geben, sich mit einer Erfahrung transzendenter Weisheit und transzendenten Mitgefühls (das heißt, mit der LIEBE) zu verbinden, deren zusätzlicher Vorteil darin liegt, dass sie Ihre Professionalität und Ihre Führungsfähigkeit im Beruf auf eine neue Ebene erhebt. Meine Hoffnung ist, dass Sie unabhängig davon, ob Sie gegenwärtig einen spirituellen Weg gehen oder nicht, feststellen werden, dass diese Werkzeuge sich in Ihre persönliche Reise einfügen und sie gleichzeitig bereichern.

Die LIEBE im Gegensatz zur Liebe

Bei der Lektüre des Buches werden Sie feststellen, dass das Wort LIEBE manchmal in Kapitälchen gesetzt ist und manchmal nicht (Liebe). Dies ist keine Folge nachlässiger Textaufbereitung, sondern soll Ihnen vielmehr einen Hinweis darauf geben, wann die Liebe, auf die Bezug genommen wird, spirituell (LIEBE) und wann sie das Produkt unserer eigenen Emotionen (Liebe) ist. Leider betreibt das Wort „Liebe" schon ein hohes Maß an Akrobatik, wenn wir es in eine Richtung biegen, um sehr kurzlebige Dinge („Ich liebe dieses Lied!") zu beschreiben, und in eine andere Richtung, um die Gefühle in Worte zu fassen, die wir für unsere heiligsten Verbindungen („Ich liebe meine Familie!") hegen. Ich fürchte, dass ich es noch schwieriger gemacht habe, indem ich ihm auch noch eine spirituelle Bedeutung gegeben habe, und bitte Sie deshalb, auf den Kontext zu achten, wenn Ihnen die Liebe oder die LIEBE im Buch begegnen.

(Anmerkung: Dieses Prinzip gilt auch für andere Begriffe, die sowohl in diesem Buch als auch im *Kurs* in Kapitälchen gesetzt sind. Das Selbst bezieht sich zum Beispiel auf den Körper, während das HÖHERE SELBST sich auf den Geist bezieht.)

Der Aufbau des Buches

Ich habe *Wunder geschehen in jedem Augenblick* in zwei Teile gegliedert. In Teil EINS mit dem Titel „Feuern Sie Ihr kleines Selbst" sprechen wir darüber, was es heißt, unser kleines Selbst loszulassen, welches – wie Sie schon bald feststellen werden – das größte Hindernis ist, das Weisheit und Mitgefühl in der Geschäftswelt im Weg steht. Tatsächlich liegt dem *Kurs* zufolge eines der Haupthindernisse, die unserem – privaten oder beruflichen – Erfolg im Weg stehen, in unserer irrigen Überzeugung, dass wir alle getrennte „Selbste" in getrennten Körpern sind, die ohne wirkliche Verbindung oder Unterstützung auf sich allein gestellt dahintreiben. Nichts könnte jedoch weiter von der WAHRHEIT entfernt sein, wie Sie schon bald herausfinden werden. Der *Kurs* lehrt, dass das kleine Selbst lediglich eine Illusion ist, geschaffen und am Leben erhalten von dem, was er als das „Ego" bezeichnet, und dazu bestimmt, uns im Morast angstbasierten Denkens und einer Vielzahl gescheiterter Beziehungen festzuhalten. Die erste Hälfte des Buches soll Ihnen deshalb helfen, die Momente zu erkennen, in denen das Ego im wahrsten Sinne des Wortes „am Werk" ist und Sie daran hindert, Freude und Erfüllung in Ihrer Arbeit zu finden.

Nachdem das Ego enttarnt ist, entdecken Sie in Teil ZWEI mit dem Titel „Heuern Sie Ihr wahres SELBST", wie Sie wirklich Wunder wirken können. Dieser Teil des Buches befasst sich eingehend mit der Frage, wie Sie Ihr Denken so verändern können, dass es mit einem höheren Maß an Einfluss und Führungspräsenz in Übereinstimmung gelangt, während Sie zugleich ein Gefühl tiefen, dauerhaften Friedens bewahren. Sie erfahren, wie Sie Ihre innere Führung erkennen und sich mit ihr verbinden können, warum jede Begegnung potenziell heilig ist und was es wirklich bedeutet, wenn Sie der Präsenz der LIEBE gestatten, durch Sie hindurch zu „wirken". Dies, so sagt der *Kurs*, ist nicht nur Ihre Funktion, sondern gleichzeitig auch der Schlüssel zur Freude und, wie ich später noch erläutern werde, zu dem Einfluss, den Sie ausüben. Die besten Führungskräfte haben bewiesen, dass dauerhafter Erfolg nicht „gefunden" oder „erreicht" werden kann. Sie *ziehen Erfolg an* auf der Grundlage dessen, wer Sie sind, und auf der Grundlage der Werte und der Charaktereigenschaften, die Sie in den Umgang mit anderen

Menschen hineintragen. Und da Sie andere Menschen nicht mit dem WIRK-LICHEN Du führen oder motivieren können, wenn Sie nicht wissen, wer dieses Du ist, nimmt die zweite Hälfte dieses Buches Sie mit auf das, was der *Kurs* als „die Reise ohne Entfernung" (T-8.VI.9:7) bezeichnet. Hier werden Ihnen die Werkzeuge an die Hand gegeben, die Sie in die Lage versetzen, die GRÖSSE zu akzeptieren, die Ihr natürliches Erbe ist. Am Ende von Teil ZWEI erkennen Sie, wie ein Konzept des *Kurses* auf dem anderen aufbaut, bis die Definition eines Wunders schließlich vollständig ausformuliert ist und somit aus allen Blickwinkeln betrachtet werden kann. Ich weiß, dass Sie ebenso große Freude wie ich selbst an der wunderbaren und eleganten Art und Weise haben werden, in der die Lehren des *Kurses* einander verstärken, von der tiefen inspirativen Kraft, die ihnen innewohnt, ganz zu schweigen.

Übungen und Verweise auf den *Kurs*

Am Ende jedes Kapitels finden Sie eine Reihe von reflexiven Übungen, die ich als Kursarbeit bezeichne und die Ihnen helfen sollen, die wichtigsten Konzepte direkt in die Praxis umzusetzen. Es ist zwar nicht notwendig, dass Sie ein Exemplar von *Ein Kurs in Wundern* besitzen, um von den Übungen zu profitieren, aber dennoch empfehlenswert, da manche Übungen zur weitergehenden Lektüre auf bestimmte Passagen des *Kurses* verweisen.

Außerdem finden sich im gesamten Buch und insbesondere in den Abschnitten mit der Überschrift „Wichtige Zitate" immer wieder Auszüge aus dem *Kurs*, die einen Bezug zu dem Thema haben, das im jeweiligen Kapitel behandelt wird. Die Zitate folgen einem Nummerierungssystem, das auf die jeweilige Stelle verweist, an der sie im *Kurs* zu finden sind. Das Nummerierungssystem ist wie folgt aufgebaut:

- Textbuch-Kapitel.Abschnitt.Absatz:Satz, z.B. T-3.IV.7:10
- Übungsbuch-Teil.Lektion.Absatz:Satz, z.B. Ü-I.169.5:2
- Handbuch für Lehrer-Frage.Absatz:Satz, z.B. H-13.3:2
- Begriffsbestimmung-Begriff.Absatz:Satz, z.B. B-6.4:6
- Lied des Gebets-Kapitel.Abschnitt.Absatz:Satz, z.B. L-2.III:1:1

Ich danke der *Foundation for Inner Peace* ganz herzlich für die Erlaubnis, diese Passagen zu verwenden.

Eine Anmerkung zum Schluss: Geduld

Es ist ein lohnendes Unterfangen, Spiritualität in Ihr Leben hineinzubringen, das häufig aber auch mit großen Herausforderungen und vielen Schwankungen verbunden ist. Bitte haben Sie Geduld mit sich selbst und machen Sie sich bewusst, dass auch die „kleinen" Fortschritte groß sind, wenn Sie das, was Sie durch den *Kurs* lernen, in Ihr Berufsleben integrieren. Es ist nicht erforderlich, dass Sie alle Konzepte, über die wir auf diesen Seiten oder im *Kurs* sprechen, sofort verstehen. Es reicht im Moment völlig, wenn Sie verstehen, dass keine Sekunde vergeudet ist, in der Sie es versuchen. *Jeder* Schritt auf Ihrer spirituellen Reise, ganz gleich, wie winzig er Ihnen auch vorkommen mag, birgt das Versprechen von Transformation, weil er Ihnen die Gelegenheit zu der Erkenntnis gibt, dass Sie nicht allein gehen.

TEIL EINS

Feuern Sie Ihr kleines Selbst

Alles, was wahr ist, ist ewig und kann sich nicht verändern
oder verändert werden. Der reine Geist ist deshalb
unveränderbar, weil er bereits vollkommen ist,
aber der gespaltene Geist kann wählen,
wem zu dienen er beschließt.

(T-1.V.5:1-2)

Du bist nicht nur voll und ganz
erschaffen worden, sondern
du bist auch vollkommen
erschaffen worden. In dir
ist keine Leere.

(T-2.I.1:3-4)

VOLLKOMMENHEIT
KENNT KEINE GRADE

W ir ließen unseren ältesten Sohn auf Autismus testen, als er achtzehn Monate alt war. Seine motorischen Fähigkeiten entwickelten sich sehr langsam, er hatte eine gestörte Sinneswahrnehmung, und während seine Spielgefährten bereits einfache Sätze aneinanderreihten, bestand sein Vokabular in einem einzigen Wort: *„Hi."* Das war alles, was er sagte, immer wieder, den ganzen Tag.

„Hi."

„Hi."

„Hi."

Nachdem unser Kinderarzt nicht mehr weiterwusste, schickte er uns schließlich zu einem Psychologen, der eine Reihe von Tests durchführte.

Nimmt er Hilfe bei der Lösung eines Puzzles an?

Kann er zu neuen Aktivitäten übergehen, ohne sich an den vorherigen Aktivitäten festzuklammern?

Regt er sich übermäßig auf, wenn man ihm seine Spielzeuge wegnimmt?

Es gibt nur wenige Dinge, die quälender sind, als hilflos auf die Diagnose für das eigene Kind warten zu müssen. Nach mehreren sorgenvollen Wochen wurde uns jedoch mitgeteilt, dass mit unserem Sohn alles in Ordnung war.

„Er scheint daran interessiert, eine Beziehung zu anderen Menschen aufzubauen", sagte der Psychologe. „Autistische Kinder haben Probleme im sozialen Umgang, und in extremen Fällen sind sie sogar außerstande, den

Unterschied zwischen einer Person und einem Gegenstand wie einem Stuhl zu erkennen."

Als Karriere-Coach entbehrte diese Aussage für mich nicht einer gewissen Ironie, weil sie die meisten beruflichen Probleme meiner Klienten sehr zutreffend beschreibt. Obwohl ich natürlich äußerst erleichtert war, dass die Untersuchung zu einem positiven Ergebnis geführt hatte, verließ ich zugegebenermaßen die Praxis des Psychologen an diesem Tag mit dem Gedanken, dass es ein äußerst faszinierendes Experiment wäre, Berufstätige am Arbeitsplatz einen ähnlichen Test durchführen zu lassen wie den, dem sich mein Sohn gerade unterzogen hatte.

Wie arbeiten wir mit anderen Menschen zusammen, wenn es darum geht, ein Puzzle zu lösen?

Wie gut können wir uns neuen Erfahrungen zuwenden, ohne an alten Erfahrungen festzuhalten?

Wie reagieren wir, wenn man uns unsere „Spielzeuge" wegnimmt?

Es ist schon sonderbar, dass die Unfähigkeit zu einer sinnvollen Kommunikation bei Kindern als Krankheit, bei Erwachsenen dagegen häufig als Stärke betrachtet wird. Wenn Sie von einem Vorgesetzten oder Kollegen jemals mit derselben Rücksichtnahme behandelt wurden, wie er sie auch einem Bürostuhl entgegenbringen würde, wissen Sie genau, wovon ich rede. Erfolg im Geschäftsleben erfordert die Art von „Dickhäutigkeit" und „Entschlossenheit", die bei anderen Menschen oft als gefühllos ankommen kann, und man lehrt uns, dass alles andere „Schwäche" ist.

Noch schlimmer ist, dass wir es tatsächlich glauben.

Dies hat zu einer Arbeitskultur geführt, in der Kollegen einander oft nicht mehr als Menschen, sondern vielmehr als Objekte auf dem Weg zu einem Ziel betrachten. Dankenswerterweise wurde der mutige Versuch unternommen, das Schiff mittels des relativ neuen Feldes der emotionalen Intelligenz – ein Bewusstsein dafür, wann nicht der Verstand, sondern Gefühle unser Verhalten steuern – wieder auf Kurs zu bringen, aber auch die emotionale Intelligenz liefert uns nicht das ganze Bild. Auch wenn außer Frage steht, dass emotionale Intelligenz notwendig ist, um in allen Lebensbereichen – unser Berufsleben eingeschlossen – langfristig harmonische Beziehungen aufzubauen, gibt es noch eine weitere Form von Intelligenz, die ebenso wichtig und dennoch weit weniger bekannt ist, nämlich die *spirituelle* Intelligenz.

Cindy Wigglesworth, eine Vorreiterin auf dem Gebiet der spirituellen Intelligenz, definiert sie zutreffend als *„die Fähigkeit, sich weise und mitfühlend zu verhalten und dabei ungeachtet der Situation den inneren und äußeren Frieden zu wahren.“*[1] Wir werden in diesem Buch der Frage nachgehen, was es bedeutet, spirituelle Intelligenz in unsere Arbeit hineinzutragen, und wollen uns dabei der außergewöhnlichen Lektionen von *Ein Kurs in Wundern* bedienen. Zuvor möchte ich jedoch den Horizont ein wenig erweitern und erläutern, warum spirituelle Intelligenz im beruflichen Umfeld überhaupt eine Rolle spielt.

Stephen Covey betritt die Bühne

Sie kennen wie zahllose andere Berufstätige auf der Welt vielleicht auch Stephen Covey und sein bekanntes Buch *Die 7 Wege zur Effektivität: Prinzipien für persönlichen und beruflichen Erfolg*. Auch wenn Covey natürlich nicht der erste oder einzige Autor ist, der einen strukturierten Weg zum beruflichen Erfolg oder zur emotionalen Reife erarbeitet hat, ist sein Werk für unsere Zwecke besonders wichtig, weil sein Weg – in seinen eigenen prägnanten Worten – von der *Abhängigkeit* (wir vertrauen darauf, dass andere Menschen unsere Bedürfnisse erfüllen) zur *Unabhängigkeit* (wir übernehmen selbst die Verantwortung für die Erfüllung unserer Bedürfnisse) und von dort weiter zur *wechselseitigen Abhängigkeit* (wir arbeiten mit anderen Menschen zusammen, um die Bedürfnisse beider Seiten zu erfüllen) führt. Weil nicht nur Covey, sondern auch viele andere Autoren ausführlich über diese Themen geschrieben haben, gehe ich hier nicht näher darauf ein, sondern beschränke mich auf die Anmerkung, dass die emotionale Intelligenz das Fundament der spirituellen Intelligenz ist.

Das bedeutet also, dass die *emotional intelligente* Reise von der Abhängigkeit zur wechselseitigen Abhängigkeit notwendig ist, um die *spirituell intelligente* Reise von der wechselseitigen Abhängigkeit zur *wechselseitigen Verbundenheit mit allem Sein* antreten zu können.

Das heißt, dass die Fähigkeit, die komplexe Rolle der eigenen Emotionen und der Emotionen anderer zu verstehen, zwar der *erste* Schritt ist, das eigentliche Fundament der heiligen LIEBE aber in der Fähigkeit besteht, sich selbst und andere Menschen nicht als getrennt zu sehen. Erwartungsgemäß ist dies der Punkt, an dem die konventionelle Karriereberatung sich gabelt und wir in einen Bereich abseits des befestigten Weges abbiegen, den die meisten Führungsratgeber nicht betreten wollen.

Spiritualität. Religion. Metaphysik.

Nennen Sie es, wie Sie wollen, aber da wir nun schon einmal an diesem Punkt sind, lassen Sie uns mit einer einfachen Frage beginnen.

Was ist Gott?

Natürlich ist diese Frage nicht ganz so einfach, wie es den Anschein hat, aber da sie die Grundlage unserer Reise durch den *Kurs* ist, scheint sie mir ein angemessener Ausgangspunkt zu sein.

Als Gott in der Bibel gefragt wurde: „Wer bist du?", soll seine Antwort gelautet haben: „ICH BIN."

> **So sollst du zu den Israeliten sagen:**
> **Der „ICH-BIN" hat mich zu euch gesandt.**
>
> (Exodus, 3:14)

Was aber bedeutet *ICH BIN* denn überhaupt? Bedeutet es, dass Gott außerhalb von uns ist und auf uns herabschaut (ein spiritueller Lehrsatz, der als Dualität bezeichnet wird), oder bedeutet es, dass Gott weder innen noch außen, sondern überall ist (als *Nicht*dualität bezeichnet)?

Ein Kurs in Wundern ist ein in hohem Maße nichtdualistischer Text. Ein Kernsatz seiner Lehre lautet, dass Gott *nichts* getrennt von sich wahrnimmt, *weil es kein „Sich" gibt*. Gott kann „sich" unmöglich *in Beziehung* zu etwas anderem wahrnehmen, wenn Gott alles ist, was es gibt.

> **Gott ist unparteiisch.**
>
> (T-1.V.3:2)

Aus der Sicht des *Kurses* geht es deshalb nicht darum, ob Gott innen oder außen ist, weil es kein „Sie" gibt, das diese Zeilen liest, während „Gott" irgendwo im Äther schwebt. Es gibt nur *Gott* – Punkt. Und Sie sind im Geist Gottes.

Dies ist die wörtliche Bedeutung von „ICH BIN", und es ist das, worauf sich die Einleitung zum *Kurs* bezieht, wenn es dort heißt: „ *... was allumfassend ist, kann kein Gegenteil haben.*"

Wie kann etwas das Gegenteil von allem sein, was ist?

Wir können sogar noch einen Schritt weitergehen. Wenn Sie sich in dem Raum umschauen, in dem Sie sich gerade aufhalten, fragen Sie sich vielleicht, wie es möglich ist, dass Gott *überall* und gleichzeitig *nirgendwo* sein kann. Das bringt uns natürlich zur ursprünglichen Frage zurück: Was ist Gott? Ist Gott eine Energie? Eine Person? Eine Kraft? Alles zusammen?

Die Bibel bietet im Neuen Testament darauf eine Antwort an, die einfach besagt: „Gott ist die Liebe." (1 Joh 4:8) Der *Kurs* gibt die gleiche Antwort, allerdings verbunden mit einem Vorbehalt. Er bezeichnet Gott als die *bedingungslose* Liebe und fährt fort, dass *nichts anderes existiert*. In der Einleitung des *Kurses* heißt es:

Dieser Kurs kann daher ganz einfach so zusammengefasst werden:

Nichts Wirkliches kann bedroht werden.
Nichts Unwirkliches existiert.
Hierin liegt der Frieden Gottes.

(*EIN KURS IN WUNDERN*, EINLEITUNG)

Zusammenfassend lässt sich also sagen:

Gott *ist*.
Das *Ist* ist die LIEBE.
Die LIEBE ist *alles*, was ist.

Wir wollen an dieser Stelle kurz innehalten und überlegen, in welcher Beziehung diese Dinge zu Ihrer Arbeit stehen. Wenn Sie Ihre Definition von Gott als „ein göttliches Wesen, das urteilend vom Himmel herabschaut", ändern zu „die universale, formlose Energie der LIEBE, die allem Leben innewohnt", *sollte sich dadurch auch Ihre Definition von sich selbst ändern.* „Alles Leben" schließt auch Sie ein, oder etwa nicht? Die Reise, auf die *Ein Kurs in Wundern* Sie mitnimmt, ist also die Reise hin zu der Erkenntnis, dass Sie an der vollkommenen LIEBE nicht nur *teilhaben*, sondern ebenso wie alle anderen Menschen die vollkommene LIEBE *sind*.

Der reine Geist ist immerdar in einem Zustand der Gnade.
Deine Wirklichkeit ist nur reiner Geist.
Deshalb bist du in einem Zustand der Gnade immerdar.

(T-1.III.5:4–6)

Sobald Sie die Bedeutung dieser Sätze voll und ganz verstanden haben, werden Sie nie wieder mit der gleichen Einstellung an Ihre Arbeit herangehen. Dann ist „Russell aus der Fertigung" beispielsweise nicht mehr nur der Typ in der Halle, der Sie mit seiner Persönlichkeit unendlich auf die Palme bringt. Der Übergang von der wechselseitigen Abhängigkeit zur wechselseitigen Verbundenheit mit allem Sein ist der Übergang von dem Wissen, dass Russell mit Ihnen *arbeitet*, hin zu der Erkenntnis, dass er Sie *ist*, was bedeutet, dass sein Wohlergehen für Sie nicht länger von Ihrem eigenen Wohlergehen getrennt ist. Dies ist übrigens keine Frage von Güte oder Altruismus, sondern vielmehr eine Sichtweise, die sich ganz natürlich einstellt, wenn Ihre spirituelle Intelligenz sich bis zu einem Punkt entwickelt hat, an dem Sie *wissen*, dass die LIEBE über das, was Ihre Augen sehen können, hinaus in Ihnen beiden präsent ist. Hinzu kommt, dass Sie, bis Sie diese LIEBE in ihm sehen können, dem *Kurs* zufolge *nicht fähig sein werden, sie in sich selbst zu sehen*.

Genau das ist es, was die spirituelle Intelligenz am Arbeitsplatz zu einer solchen Superkraft macht. Stellen Sie sich nur einmal das Gefühl der Ruhe und der Gelassenheit vor, das Sie in Ihre Arbeit hineinbringen könnten, oder den Einfluss, den Sie gewinnen würden, wenn Sie die Fähigkeit besäßen, sich einfach über alle Ebenen menschlicher Unterschiede und Meinungsverschiedenheiten zu erheben, indem Sie die „Wirklichkeit des reinen Geistes" anerkennen, an dem wir alle gemeinsam teilhaben – und zwar, *ehe* Sie handeln.

Natürlich müssen Sie diese Erkenntnis Ihren Kollegen gegenüber nicht in Worte fassen, und ebenso wenig müssen Sie – um es noch einmal zu sagen

– den REINEN GEIST, den wir hier beschreiben, als „Gott" bezeichnen. Sie können ihn auch Liebe, Licht oder menschliche Würde nennen oder ihn in der Sprache Buddhas als „innere Leuchtkraft" bezeichnen. Aus der Sicht des *Kurses* zählt nicht die Sprache, die Sie benutzen, sondern die Tatsache, dass Sie den REINEN GEIST in allen Menschen sehen und wissen, dass er in allen vollkommene Ganzheit besitzt. Im *Kurs* heißt es dazu:

... Vollkommenheit kennt keine Grade.

(T-2.II.5:7)

Dies ist das erste Prinzip, das Sie verstehen müssen, wenn Sie aus dem, was der *Kurs* Sie lehren kann, den größtmöglichen Nutzen ziehen wollen: Vollkommen in *einem* heißt vollkommen in *allen*. Das heißt, dass die LIEBE – der spirituelle Zustand der Gnade, in dem Sie selbst und auch alle anderen Menschen sich befinden – nicht bei einigen mit einem Makel behaftet und bei anderen ohne Makel sein kann. Die LIEBE kann deshalb nicht durch eine bestimmte religiöse Praxis oder Zugehörigkeit verdient werden, und sie schrumpft weder, noch dehnt sie sich aus aufgrund von Dingen, die Sie tun oder nicht tun. Vollkommen bedeutet nicht *irgendwie* vollkommen. Vollkommen bedeutet vollkommen.

Das Problem ist natürlich, dass spirituelle Vollkommenheit ohne die Superkräfte unserer spirituellen Intelligenz für uns absolut unsichtbar ist. Das bedeutet, dass wir, wenn wir diese Fähigkeiten nicht bewusst schärfen, im Leben immer nur das sehen, was unsere Augen uns als wahr verkaufen, und dass die *wahrhaftigere* Wahrheit, die ihm zugrunde liegt, uns vollkommen entgeht. Es ist sogar noch schlimmer. Wir wissen noch nicht einmal, dass wir danach suchen sollten. Das meint der *Kurs*, wenn er sagt: „*Lass mich das Problem erkennen, damit es gelöst werden kann.*" (Ü-I.79) Wenn wir nicht wissen, worin das Problem besteht, wie sollen wir dann jemals wissen, wie es zu lösen ist?

Hier geht es darum, dass unser *wirkliches* Problem am Arbeitsplatz nicht die vielen Herausforderungen sind, denen wir uns gegenwärtig stellen müssen. Unser *wirkliches* Problem – und wie der *Kurs* sagen würde, tatsächlich unser *einziges* Problem – besteht darin, dass wir nicht die spirituelle Intelligenz entwickelt haben, die wir brauchen, um die LIEBE sowohl in uns selbst als auch in den Menschen in unserer Umgebung zu sehen. Das hat zur Folge, dass wir, *weil* wir nicht wissen, wer wir sind oder wer sie sind, auch nicht wissen, wie wir Zugang zu unserer spirituellen Intelligenz erlangen können, wenn wir sie wirklich brauchen – wenn beispielsweise die Beziehung zu einem Kollegen zu zerbrechen droht. So ziehen die Dramen am Arbeitsplatz immer weitere Kreise, und wir betrachten die Dramen selbst als das Problem und *nicht* unser eigenes Denken, das sie herbeigeführt hat.

Im nächsten Kapitel gehen wir der Ursache unserer problematischen Gedanken aus der Sicht des *Kurses* auf den Grund und finden heraus, wie wir sie für immer zum Verstummen bringen können. In der Zwischenzeit möchte ich Ihnen jedoch eine Übung vorstellen, die Ihnen helfen wird, die GNADE zu finden, die dem *Kurs* zufolge unser wahres Zuhause ist ... genau hier und jetzt.

KURSARBEIT: Sie sind nicht der, der Sie zu sein glauben

Vor einer Weile habe ich an einer Veranstaltung der Unity Church teilgenommen, in deren Verlauf eine Gastrednerin, die den *Kurs* seit über zwanzig Jahren studiert, uns durch folgende Meditation führte. Ich möchte sie an dieser Stelle mit Ihnen teilen, weil sie meiner Meinung nach besonders hilfreich ist, wenn es darum geht, vom kleinen körperlichen Selbst zum spirituellen SELBST zu gelangen, über das wir in diesem Kapitel gesprochen haben.

Bitte nehmen Sie zunächst eine bequeme Haltung ein. Sie können mit gerader Wirbelsäule entweder in einem gekreuzten Sitz auf dem Boden oder auf einem Stuhl sitzen. Wenn Sie es als angenehm empfinden, empfehle ich Ihnen, das Licht zu dämpfen, Ihre bevorzugte Instrumentalmusik abzuspielen und einige Minuten still zu sitzen, um den Geist auf einen reflexiven, stärker verinnerlichten Zustand vorzubereiten.

Schließen Sie die Augen. Kneifen Sie mit Zeigefinger und Daumen einer Hand dann einen beliebigen Finger der anderen Hand so fest, dass Sie einen starken brennenden Schmerz spüren. Drücken Sie so fest, dass Ihre Fingernägel winzige, halbmondförmige Abdrücke hinterlassen, aber natürlich nicht so fest, dass Sie die Haut dabei verletzen.

Wenn Sie wieder loslassen, nehmen Sie wahr, dass Sie den Schmerz in

Ihrem Finger zwar spüren, dass die Erfahrung des Schmerzes jedoch durch Ihren Geist gefiltert wird. Denken Sie darüber nach, wer „Sie" in diesem Szenario sind. Sind „Sie" der Finger, der Schmerz oder die Gedanken?

Dieses kleine Experiment zeigt, dass „Sie" nichts von alledem sind. Sie sind nicht Ihr Finger, denn Sie könnten alle zehn Finger verlieren und würden trotzdem noch leben. Sie sind nicht Ihr Schmerz, denn Schmerz ist nur eine Empfindung, die durch Nerven und Rezeptoren im Körper ausgelöst wird. Und Sie sind auch nicht Ihre Gedanken, denn Gedanken sind lediglich Blasen, die Ihr Geist erzeugt. In einem Augenblick denken Sie über den Schmerz in Ihrem Finger nach, und im nächsten Augenblick ist der Gedanke für immer fort.

Wer sind Sie also? Aus der Sicht des Kurses sind Sie der vollkommene Zustand der GNADE, der jenseits des denkenden Geistes liegt. Das bedeutet mit anderen Worten, dass „Sie" das Bewusstsein selbst sind und dass Ihr Körper in Ihnen lebt und nicht „Sie" in Ihrem Körper leben.

Weshalb sind diese Dinge für Ihre Arbeit wichtig? Sie sind wichtig, weil Sie, wenn Sie erkennen, dass „Sie" so viel größer und umfassender als Ihre Arbeit sind, von einem tiefen Gefühl des Friedens und der Sinnhaftigkeit erfüllt werden, das Sie in Ihre Arbeit hineintragen können. Dies ist die Sichtweise der spirituellen Intelligenz, denn wenn Sie wissen, was an Ihnen und an allen anderen Menschen ewig und wahr ist – nämlich die wechselseitige Verbundenheit mit allem Sein –, lassen Sie sich nicht mehr so leicht von den Dingen herumstoßen, die flüchtig und falsch sind (wie beispielsweise die Emotionen, die in Ihnen hochkommen, wenn ein Projekt in die Hose geht).

Der Raum, den Sie betreten, wenn Sie dieses Experiment durchführen, ist der sprichwörtliche „Raum zwischen Reiz und Reaktion", und genau hier ist unsere Entscheidungsgewalt zu Hause. Aber wofür genau sollen Sie sich denn überhaupt entscheiden in den Momenten, in denen es eine Entscheidung zu treffen gilt? Die Antwort lautet: für das HÖHERE SELBST.

Der Raum, zu dem Sie durch die Erkenntnis, dass „Sie" nicht Ihr Körper, nicht Ihr Schmerz und auch nicht Ihre Gedanken sind, Zugang erlangt haben, ist deshalb der Raum der Weisheit und des Mitgefühls. Dies ist der ganze Sinn und Zweck der Meditation: die GNADE, die dem Kurs zufolge unser „natürliches Erbe" ist, auf die Ebene unserer direkten Erfahrung herunterzuziehen. Wenn Ihnen dies dauerhaft gelingt, werden Ihre Kollegen nicht anders können, als Ihre wachsende Reife und Führungstärke zu bemerken.

Sie werden dieses Wachstum jedoch mit seinem wahren Namen erfahren: LIEBE.

WICHTIGE ZITATE

- Das SELBST, DAS GOTT erschaffen hat, braucht nichts. Es ist auf ewig vollständig, sicher, geliebt und liebend. (Aus dem Vorwort von Ein Kurs in Wundern, Was er besagt)

- Du kannst warten, aufschieben, dich selber lähmen oder deine Schöpferkraft bis auf fast nichts reduzieren. Doch du kannst sie nicht vernichten. (T-1.V.1:5–6)

- Dein SELBST bedarf keiner Erlösung, aber dein Geist muss lernen, was Erlösung ist. (T-11.IV.1:3)

- Das Universum der Liebe hört nicht deshalb auf, weil du es nicht siehst, noch haben deine geschlossenen Augen die Fähigkeit verloren, zu sehen. (T-11.I.5:10)

Was ist das Ego?
Nichts, aber in einer Form,
die wie etwas zu sein scheint.

(B-2.2:1–2)

EIN ABSTECHER IN DIE ANGST

Auf unserer Abenteuerreise in die Spiritualität am Arbeitsplatz haben wir bisher gelernt, dass jenseits der Wirklichkeit, die wir in unserem Körper erfahren, dem *Kurs* zufolge eine WIRKLICHKEIT liegt, die sowohl ein ewiger Zustand der GNADE als auch die vollkommene LIEBE ist. Der *Kurs* versucht nicht, diese WIRKLICHKEIT zu analysieren oder näher zu definieren, erklärt aber, dass wir, wenn wir uns dafür entscheiden, jederzeit *Zugang* zu ihr erlangen können.

Wenn Sie an der Kursarbeit am Ende des vorigen Kapitels teilgenommen haben, konnten Sie hoffentlich spüren, dass im Zentrum der Stürme, die uns das Leben bringt, eine Ruhe herrscht, die Sie jederzeit abrufen können. Wir haben sie als die Schaffung des Raums definiert, in dem wir uns für Weisheit und Mitgefühl entscheiden können, was gleichbedeutend damit ist, dass wir Raum schaffen für unser höheres, von größerer spiritueller Intelligenz erfülltes SELBST. In der Sprache der Wirtschaft ist *Präsenz* (womit hier Wirtschafts- oder Führungspräsenz gemeint ist) das Ergebnis, das wir anstreben, wobei es allerdings zu beachten gilt, dass Präsenz die *Folge* spiritueller Intelligenz ist und nicht umgekehrt.

Das ist der Grund, warum viele Programme zur beruflichen Weiterentwicklung nicht die kulturelle Veränderung bewirken, die sie versprechen. Sie konzentrieren sich auf äußere Strategien und Verhaltensweisen, ohne die entscheidend wichtigen inneren Überzeugungen anzusprechen, die sie antreiben. Der Grund liegt zweifellos darin, dass es viel leichter ist, jemanden zu lehren, was er tun soll, als ihn zu lehren, wie er denken soll, aber genau das ist unser Ziel: Wir wollen lernen, mit Weisheit und Mitgefühl zu denken. Man könnte in der Sprache des *Kurses* auch sagen, dass wir lernen wollen, mit der Liebe zu denken.

Sie sind nicht Ihr Körper

Wenn Präsenz den Raum in Ihrem Geist erschafft, der es Ihnen ermöglicht, sich für Weisheit und Mitgefühl zu entscheiden, dann ist ein *Mangel* an Präsenz die Folge, wenn Sie das Gefühl haben, dass dieser Raum für Sie nicht zugänglich ist. Wenn Sie also nicht mit der Liebe denken können, können Sie keinen Zugang zu Ihrem höheren Selbst erlangen und sind folglich nicht zu spirituell intelligentem – oder überhaupt zu einer Form von intelligentem – Verhalten fähig.

Ich habe schon sehr viele Berufstätige mit ganz unterschiedlichen Lebensläufen gecoacht und finde es bemerkenswert, dass es eine bestimmte Sache gibt, die unserer Führungspräsenz im Beruf regelmäßig im Weg zu stehen scheint. Was könnte das sein? Die Antwort lautet: wahrgenommene Respektlosigkeit. Wie Sie wahrscheinlich selbst schon erfahren haben, ist nichts mehr dazu angetan, die Fluttore des Urteils zu öffnen und den völligen Verlust von Selbstbeherrschung und Gelassenheit zu verursachen, als das Gefühl, ignoriert, gekränkt oder zu einer direkten Auseinandersetzung gezwungen zu werden.

Dies ist übrigens ein weiterer wichtiger Unterschied zwischen emotionaler und spiritueller Intelligenz, denn wenn Sie das Gefühl der Respektlosigkeit isolieren und strikt aus der Perspektive der emotionalen Intelligenz betrachten, werden Sie zu Werkzeugen geführt, die Ihre emotionale Stabilität regulieren. Dazu gehören etwa Atemübungen, die Achtsamkeit für körperliche Empfindungen oder das Hineinlehnen in Gefühle des Unbehagens. Alle diese Praktiken sind sehr wichtig, wenn es darum geht, den mentalen Leerraum zu erschaffen, der erforderlich ist, um kluge Entscheidungen zu treffen. Für unsere Zwecke gehen sie jedoch nicht weit genug, da sie nicht in die Welt des Glaubens vordringen.[1]

Ehe wir uns näher mit diesem Konzept befassen, möchte ich jedoch klarstellen, dass die Gegenüberstellung von emotionaler und spiritueller Intelligenz kein Versuch sein soll, die Bedeutung der emotionalen Intelligenz herabzuwürdigen. Der Unterschied, auf den ich hinweisen möchte, besteht lediglich darin, dass die emotionale Intelligenz tief im Körper – und vor allem in der Wirkweise des Gehirns – verwurzelt ist, während die spirituelle Intelligenz in keiner Beziehung zum Körper steht.

Das soll keineswegs heißen, dass Sie nicht mehr über Ihren Körper und über die Neurowissenschaften lernen sollten, die das menschliche Verhalten erforschen. Bei den Dingen, die uns dazu bringen, uns unprofessionell zu verhalten (wie beispielsweise ein wahrgenommener Mangel an Respekt), ist es tatsächlich sogar sehr hilfreich zu wissen, dass ein Körper, der unter Stress steht, zum Beispiel weniger Sauerstoff in die Bereiche des Gehirns sendet, die für die Lösung von Problemen zuständig sind. Dies ist eine wegweisende biologische Erklärung dafür, warum wir für gewöhnlich zuerst reagieren und dann denken, und diese wichtige Erkenntnis haben wir den Neurowissenschaften zu verdanken.

So wichtig es also ist, dass Sie den Körper verstehen, während Sie ihn bewohnen, so wichtig ist aus Sicht der spirituellen Intelligenz und des *Kurses* das Wissen, dass Sie viel mehr als nur ein Körper sind. Das bedeutet, wie im letzten Kapitel bereits erläutert, dass Sie sich als körperliches Wesen, *zugleich aber auch* als Teil eines ewigen Zustandes der LIEBE sehen, der mit allem Leben verbunden ist.

In Kapitel 1 haben wir begonnen, die Superkräfte unserer spirituellen Intelligenz zu entwickeln, indem wir die jahrtausendealte Frage gestellt haben: „Was ist Gott?" Nachdem wir erfahren haben, dass der *Kurs* – wie viele andere spirituelle Traditionen auch – Gott als bedingungslose LIEBE beschreibt, wollen wir unsere Aufmerksamkeit nun der Frage zuwenden, warum wir diese Präsenz der LIEBE in unserem Alltag und vor allem am Arbeitsplatz nicht fühlen können.

Was versperrt uns den Zugang zur LIEBE?

Um diese Frage zu beantworten, wollen wir das „kleine" Selbst als die Gedanken und Verhaltensweisen definieren, die mit Trennung und mit Selbst*bezogen*heit zu tun haben. Dazu gehört im Grunde alles, was einzig auf Sie selbst und Ihren Vorteil bedacht ist. Allgemein gilt, dass Sie sich, wenn Sie in Begriffen von „ich" oder „mein" denken, auf das kleine Selbst beziehen, weil es das ist, was sich mit Ihrer Arbeit, Ihrem Namen oder Ihrem Körper identifiziert.

Das heißt natürlich nicht, dass Selbstbezogenheit grundsätzlich schlecht ist. Ein gewisses Maß an selbstbezogenem Denken ist sogar von Vorteil, weil es beispielsweise dafür verantwortlich ist, dass Sie wissen, wo Sie zu Hause sind, und weil es Sie dazu bringt, sich nachts von dunklen Nebenstraßen fernzuhalten. Selbstbezogenheit, die wie Unkraut im Geist sprießt, hat jedoch zur Folge, dass Sie sich in Urteilen und Defensivität verstricken und jede Situation, in der Sie sich befinden, danach beurteilen, ob sie *einzig und allein* Ihrem Vorteil dient. Das schneidet Sie von der Fähigkeit ab, das größere Bild zu sehen, und macht es wesentlich schwieriger, in einem Team zusammenzuarbeiten. Ein zu hohes Maß an kleinem Selbst erzeugt mit anderen Worten einen blinden Fleck, der Ihrem beruflichen Ansehen irgendwann schadet.

Dies wollen wir nun dem HÖHEREN SELBST gegenüberstellen, das wir hier als die Gedanken und Handlungen definieren, die mit Verbindung und mit Selbst*losig*keit zu tun haben. Interessant ist in diesem Zusammenhang, dass das Wort *selbstlos* wörtlich als *das (kleine) Selbst los(haben)* übersetzt werden kann. Für unsere Zwecke bedeutet das nicht, dass wir unsere eigenen Bedürfnisse den Bedürfnissen anderer Menschen hintanstellen, sondern beschreibt vielmehr die *Voraussetzung* dafür, dass wir GNADE, Weisheit, Mitgefühl und die LIEBE erfahren können. Stellen Sie sich beispielsweise ein verstopftes Abflussrohr vor. Wenn Sie wollen, dass Wasser (die LIEBE) durch das Rohr fließt, müssen Sie die Verstopfung beseitigen, was in diesem Fall bedeutet, dass Sie Ihr kleines Selbst aus dem Weg räumen müssen.

Da wir nun wissen, dass wir die Fähigkeit besitzen, jederzeit Zugang zu unserem HÖHEREN SELBST zu erlangen, wenn wir uns dafür entscheiden, sollte es theoretisch doch ganz einfach sein, jeden Tag in vollkommenem inneren und äußeren Frieden zu leben und zu arbeiten. Oder etwa nicht? Das wäre natürlich wunderbar, aber unsere eigenen Erfahrungen sowie die jüngsten Fortschritte in den Neurowissenschaften haben leider gezeigt, dass unser Verhalten oft genau dann von *weniger* Gnade gekennzeichnet ist, wenn wir sie am meisten brauchen.

Warum?

Darf ich vorstellen: das Ego

Auch wenn der *Kurs* nicht genau diese Worte benutzt, sagt er sinngemäß, dass immer dann, wenn Sie keinen Zugang zu Ihrem HÖHEREN SELBST erlangen können, Ihr „Abflussrohr verstopft" ist, weil Sie sich für Ihre eigenen sprunghaften Wahrnehmungen entschieden haben, statt zu erlauben, dass die vollkommene LIEBE und Verbundenheit durch Sie hindurchfließen können. Diese Wahrnehmungen sind das, was der *Kurs* als Ihr *Ego* bezeichnet.

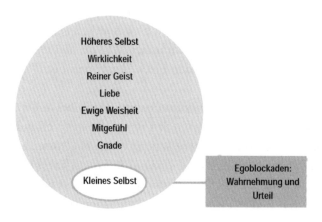

ABBILDUNG 1
Die Urteile des kleinen Selbst erzeugen eine Blockade,
die den Zugang zum Höheren Selbst versperrt.

Am Arbeitsplatz hören wir das Wort *Ego* meist in Zusammenhang mit Arroganz oder mit einem übermäßig aufgeblähten Gefühl für die eigene Wichtigkeit: *„Der Typ hat ein riesengroßes Ego."* Arroganz ist zwar mit Sicherheit eine *Form* des Egos, aber die Blockade, mit der es verhindern will, dass Sie Zugang zu Ihrem HÖHEREN SELBST erlangen, kann ebenso viele Formen annehmen, wie es Gedanken im Geist gibt.

Ich wiederhole: *Das Ego kann ebenso viele Formen annehmen, wie es Gedanken im Geist gibt.*

Beängstigend, nicht wahr? In der Tat, und genau das ist der Punkt.

Denn auch wenn das Ego nur ein Gedanke ist, ist es nicht irgendein Gedanke. Das Ego ist der Gedanke, dass das wechselseitig verbundene HÖHERE SELBST *nicht existiert*, dass Sie vollkommen allein sind in einem getrennten und dem Verfall preisgegebenen Körper, der nach dem Zufallsprinzip beim DNA-Roulette geschaffen wurde. Trotz der Tatsache, dass der *Kurs* dies als die „winzig kleine Wahnidee" (T-27.VIII.6:2) bezeichnet, ist es die Aufgabe des Egos, dafür zu sorgen, dass dieser Gedanke sich für Sie äußerst real anfühlt.

Wenn das Ego – einfach ausgedrückt – der Gedanke ist, dass Sie von ALLEM, WAS IST, getrennt sind, ergibt sich daraus ganz von selbst eine *kausale* Beziehung zwischen dem Egodenken und der Angst. Je mehr Sie sich also von der LIEBE abgeschnitten fühlen, umso mehr Egogedanken haben Sie und umso größer wird Ihre Angst. Dieser Kreislauf wiederholt sich, bis die Mauer des Egos, die aus Ihrem eigenen Urteil besteht, schließlich so dick geworden ist, dass Ihr HÖHERES SELBST nicht nur unzugänglich wird, sondern oft sogar vollkommen in Vergessenheit gerät.

Deshalb haben wir keinen Zugang zu unserer spirituellen Intelligenz, wenn wir sie brauchen. Der Grund ist nicht, dass die GNADE nicht für uns verfügbar ist. Der Grund ist, dass der unaufhörliche Lärm unseres eigenen aufgewühlten Geistes uns zu sehr ablenkt und wir uns fast immer auf den *Lärm* und nicht auf die ihm zugrundeliegende Ursache konzentrieren. Denken Sie noch einmal darüber nach, was passiert, wenn Sie an Ihrem Arbeitsplatz scheinbar nicht respektiert werden und jedes Gefühl der Präsenz verlieren. Das ist der Fall, wenn die Belange des kleinen Selbst (*Inwiefern betrifft es mich?*) Ihre Reaktion steuern und Sie nicht mit der Weisheit und dem Mitgefühl des HÖHEREN SELBST (*Welches ist der liebevollste Gedanke, der mir in diesem Moment zur Verfügung steht?*) auf die Situation eingehen.

Wir werden uns in den nächsten Kapiteln noch genauer damit befassen, wie wir mit dem Ego umgehen können, aber vorher möchte ich einige Fragen beantworten, die an diesem Punkt häufig gestellt werden, wenn ich Menschen berate, die versuchen, die Prinzipien des *Kurses* in ihre Arbeit zu integrieren.

Woher kommt das Ego?

Auch wenn der *Kurs* zum genauen Ursprung des Egodenkens keine Angaben macht, brauchen wir bei näherem Hinsehen nicht lange, um die Muster der Spaltung zu erkennen, die unser Leben von Anfang an geprägt haben. Wir verlassen den Mutterleib quasi mit dem Wort *mein* im Mund. Das bedeutet, dass wir sogar schon als Kind von dem Augenblick an, in dem wir die Welt durch die Brille von „mein" und „nicht mein" betrachten können, von der Angst erfüllt sind, nicht genug zu haben. Im Laufe der Zeit werden diese Gedanken der Trennung und der Konkurrenz kontinuierlich verstärkt, was lediglich dazu führt, dass die Angst wächst, die wiederum das Ego stärkt, das seinerseits die Spaltung vertieft, sodass es nicht allzu lange dauert, bis das Egodenken alles ist, was wir kennen.

Tatsächlich brauchen Sie sich nur anzuschauen, wie Sie selbst konditioniert sind, um die alltägliche Trennung – beispielsweise in Geschlecht, Rasse, Nationalität, Religion, wirtschaftliche Stellung oder politische Partei – zu erkennen und zu überlegen, wie viele Urteile aus diesen „Unterschieden" entstehen. Achten Sie einmal einen ganzen Tag lang genau darauf, in welchem Maße die Dinge, denen Sie in der Werbung, in den sozialen Medien oder in den Nachrichten – und definitiv am Arbeitsplatz – ausgesetzt sind, Sie mehr oder weniger subtil dazu ermutigen, andere Menschen zu beschuldigen, über sie zu urteilen und sich mit ihnen zu vergleichen. Wenn Sie das Ergebnis dann mit der Zahl Ihrer Lebenstage multiplizieren, werden Sie sich nicht länger darüber wundern, dass wir in so hohem Maße von Konkurrenzdenken geprägt und voneinander abgeschnitten sind.

Ist das Ego gleichbedeutend mit dem „Teufel" oder mit dem „Bösen"?

Wenn man sich anschaut, wie zerstörerisch das Egodenken sein kann, gelangt man womöglich zu der Annahme, dass es sich dabei um einen äußeren, finsteren „Teufel" oder um eine Kraft des „Bösen" handelt, die in der Welt am Werk ist. Aus der Sicht des *Kurses* gibt es keinen Teufel. Erinnern

Sie sich? Nichts WIRKLICHES kann bedroht werden, und nichts Unwirkliches existiert. Der *Kurs* erkennt jedoch an, dass die Tiefe unseres *Glaubens* an das Ego uns dazu bringt, böse zu handeln.

**Der Geist kann den Glauben an die Trennung
sehr wirklich und sehr schrecklich machen,
und dieser Glaube *ist* der „Teufel."**

(T-3.VII.5:1)

Für unsere Zwecke spielt dieser Punkt deshalb eine Rolle, weil er bedeutet, dass die „Hölle" nicht für den Tag aufgespart wird, an dem wir sterben. *Wir entscheiden uns vielmehr dafür, sie hier und jetzt zu erfahren.* Das heißt, dass Sie mit jedem lieblosen, trennenden Gedanken, jedem Urteil und jeder versäumten Gelegenheit, sich mit Ihrem HÖHEREN SELBST zu verbinden, dem *Kurs* zufolge die Hölle unmittelbar in die Gegenwart hineintragen, in der sie zur direkten Erfahrung wird.

Denken Sie einmal an eine Situation zurück, in der Ihr Ärger, Ihr Urteil oder Ihre Angst so groß waren, dass Sie das Gefühl hatten, völlig die Kontrolle verloren zu haben. Was ging Ihnen in diesen Momenten durch den Kopf? Was haben Sie von sich selbst gedacht? Wie haben Sie sich als Folge davon verhalten, und welche Auswirkungen hatte Ihr Verhalten auf die Menschen in Ihrer Umgebung?

Ist das nicht die Hölle?

Betrachten Sie nun einmal die Tatsache, dass wir wissenschaftlichen Schätzungen zufolge im Durchschnitt ungefähr fünfzigtausend Gedanken pro Tag denken. Wenn wir unter Stress stehen, sind es sogar bis zu zweihunderttausend Gedanken pro Tag. Wenn wir das Ego nun als einen Gedanken der Angst definieren, welchen Prozentsatz unserer Gedanken benutzen wir dann, um unser eigenes Leid zu erzeugen oder zu verstärken? Wir können wohl mit großer Sicherheit davon ausgehen, dass der sprunghafte Anstieg unserer Gedanken unter Stress nicht daher rührt, dass wir positive Mantras rezitieren, sondern stattdessen höchstwahrscheinlich sinnlos über genau die Dinge nachgrübeln, die der ursprüngliche Auslöser für unseren Stress waren.

Das Wissen, dass wir mindestens fünfzigtausend Gedanken pro Tag denken, sollte eigentlich schon Grund genug sein, uns nicht allzu sehr mit ihnen zu identifizieren, aber wir tun es – sehr zu unserem persönlichen und kollektiven Leidwesen. Ich frage noch einmal: *Ist das nicht die Hölle?*

Stimmen Sie mir zu? Dann ist es an der Zeit, dass wir die Verantwortung für das übernehmen, was in unserem eigenen Geist vor sich geht. Das bedeutet mit anderen Worten, dass nicht der Teufel, sondern *unsere eigenen Gedanken der Angst* für unser Handeln verantwortlich sind. Gedanken, die hervorgerufen wurden durch Unsicherheit, tiefe Verletzungen, Schuld, Scham, Neid, Urteile und Machtstreben, die unser Denken verstopfen und uns den Zugang zur GNADE versperren. Diese Gedanken verschwinden nicht, wenn wir ihnen aus dem Weg gehen, sie verleugnen oder sie einer bösen Macht oder einem rückwärtsgewandten Planeten zur Last legen. Tatsächlich funktioniert das nicht nur *nicht*, sondern führt – schlimmer noch – dem *Kurs* zufolge dazu, dass uns oft genau die Egogedanken am stärksten verfolgen, die wir verstecken oder denen wir aus dem Weg gehen wollen. Schon Carl Gustav Jung sagte: „*Das, wogegen wir uns wehren, bleibt uns erhalten.*"

Wie befreien Sie sich vom Ego?

Wenn wir das Ego auflösen wollen, besteht der erste Schritt in der Erkenntnis, dass – da jede Erfahrung mit einem Gedanken beginnt – die Veränderung unserer Erfahrung damit beginnen muss, dass wir unser Denken darüber ändern. Nehmen wir beispielsweise an, dass Ihre Arbeit Ihnen keine Freude bereitet. Trotzdem erscheinen Sie jeden Tag, weil sie Ihren Lebensunterhalt sichert, Ihnen eine Krankenversicherung ermöglicht und – was den Kern der Sache wohl eher trifft – weil sich Ihnen im Moment keine bessere Möglichkeit bietet. Ein unkontrolliertes Ego würde in dieser Situation jede Gelegenheit nutzen, Ihnen den Tag zu verderben und Sie in der „Hölle" schmoren zu lassen.

Welche Erfahrung machen Sie also Ihrer Meinung nach, wenn Sie die folgenden oder ähnliche Gedanken denken?

„Diese Firma ist ätzend."
„Ich hasse sie alle."
„Ich verschwende hier nur meine Zeit."
„Ich stecke fest."

Stellen Sie sich einmal vor, wie Ihr Tag wohl verläuft, wenn Sie fünfzigtausend solcher Gedanken denken. Mit großer Wahrscheinlichkeit kommen Sie schon genervt auf der Arbeit an, verprellen alle Kollegen und fühlen sich dadurch noch einsamer und unglücklicher, als Sie es ohnehin schon waren. Erkennen Sie, dass hier die Spirale des Egos am Werk ist? Wenn Sie stattdessen Verantwortung für Ihr Denken übernehmen, werden Sie feststellen, dass Sie abhängig davon, ob Sie durch die Brille des Egos oder durch die Brille der spirituellen Intelligenz schauen, in genau derselben Situation *eine vollkommen andere Erfahrung* machen können.

Die folgende Übung ist ein wunderbarer erster Schritt in diesem Prozess, denn sie bietet Ihnen einen Rahmen dafür, häufige Blockaden zu *erkennen* und zu *benennen*, die uns im kleinen Selbst festhalten. In den nächsten Kapiteln gehen wir dann Schritte, um diese Blockaden zu heilen, während wir unsere Reise durch den *Kurs* fortsetzen.

KURSARBEIT: Wo sind Ihre Gedanken?

Ein gesundes Urteil würde unweigerlich gegen das Ego urteilen und muss vom Ego im Interesse seiner Selbsterhaltung ausgelöscht werden.

(T-4.V.1:6)

Dieses äußerst nutzbringende Werkzeug setze ich in meinem Kurs „Awake Exec: Mindful Wisdom at Work" ein. Es soll den Teilnehmern helfen, zu einer ehrlichen Einschätzung darüber zu gelangen, welcher Art die Gedanken sind, die ihren Kopf beherrschen. Das Konzept ist ganz einfach. Tragen Sie die nachstehende Tabelle mindestens einen Tag lang bei sich. Ideal sind drei bis vier Tage. Jedes Mal, wenn Sie einen Gedanken denken, der zu einem der vier darin enthaltenen Quadranten passt, machen Sie im entsprechenden Quadranten einen Punkt. Eine Druckversion der Tabelle finden sie auf miraclesatworkbook.com.

Denken Sie daran, dass diese Übung einen vollen Tag umfasst und nicht nur die Zeitspanne, die Sie auf der Arbeit verbringen. Die Beobachtung, ob sich Ihre gewohnheitsmäßigen Denkmuster abhängig davon ändern, in welcher Umgebung Sie sich aufhalten, wird sehr aufschlussreich für Sie sein. Sind Sie am Arbeitsplatz eher emotional und zu Hause eher zukunftsorientiert, oder ist das Gegenteil der Fall? Tragen Sie Ihre Arbeit nach Hause und lassen zu, dass sie Sie davon ablenkt, vollkommen präsent zu sein? Nehmen Sie Ihr Privatleben mit zur Arbeit? Was sagt die Übung insgesamt über Ihren mentalen Grundzustand aus?

Denken Sie auch daran, dass Sie nicht aufgefordert sind, Ihre Gedanken zu analysieren, während Sie die Übung durchführen. Unabhängig davon, ob Sie einen Tag oder eine Woche damit experimentieren, brauchen Sie nichts weiter zu tun, als eine rasche und wahrheitsgemäße Einschätzung darüber vorzunehmen, wo Ihre Gedanken sich für einen bestimmten Zeitraum befinden. Das sollte immer nur wenige Sekunden dauern, aber es ist äußerst wichtig, dass Sie es konsequent tun. Es ist auch wichtig, dass Sie Ihre Gedanken nicht in eine bestimmte Richtung zwingen, um die Ergebnisse zu manipulieren. Diese Übung ist nur für Ihre Augen bestimmt, und je ehrlicher Sie sind, umso größer ist der Nutzen, den Sie aus dem Prozess ziehen.

Nachdem Sie die Übung über einen Zeitraum von mindestens vierundzwanzig Stunden durchgeführt haben, sollten Sie in der Lage sein, die einzelnen Punkte (sprichwörtlich) miteinander zu verbinden und zu erkennen, wo Sie auf der Stelle treten und wo Sie sich an Angst und an begrenzende Überzeugungen klammern. Wenn Sie beispielsweise häufig verärgert oder enttäuscht sind, könnte es daran liegen, dass Sie die Gegenwart durch den Filter Ihrer Vergangenheit sehen. Wenn Sie oft zu viel nachdenken oder ungeduldig sind, könnte es daran liegen, dass Sie sich Sorgen über die Zukunft machen und Angst vor Dingen haben, die Sie nicht kontrollieren können.

Unabhängig davon, was Sie aus der Übung lernen, sollten Sie nicht vergessen, dass der *Kurs* den Geist darin schulen will, mit der LIEBE zu denken, und dass die LIEBE bei Ihnen selbst beginnt. Wenn Sie wie die meisten Menschen mehr Punkte in der Vergangenheit, der Zukunft oder den emotionalen Quadranten gesammelt haben, sollten Sie diese Tatsache also nicht als Vorwand benutzen, um über Ihre berufliche Kompetenz oder Ihren spirituellen Fortschritt zu urteilen. Betrachten Sie sie stattdessen als eine sanfte Mahnung für die Bereiche, in denen Ihr kleines Selbst beiseitetreten muss, und erkennen Sie, dass Sie noch nicht einmal so weit gekommen wären, wenn Sie nicht den Mut gehabt hätten, genauer hinzuschauen. Fangen wir also an.

VERGANGENHEIT (*WENN NUR …*)

Machen Sie in diesem Quadranten immer dann einen Punkt, wenn Sie Ärger, Schuld oder eine ähnliche Emotion in Zusammenhang mit etwas verspüren, das bereits geschehen ist. Dazu gehören das ständige Wiederaufwärmen alter Ereignisse, Groll (das heißt, einen Menschen in der Gegenwart für vergangenes Verhalten zu verurteilen) oder der Wunsch, die Vergangenheit wäre anders verlaufen, um eine „bessere" Gegenwart zu ermöglichen.

GESAMT _____

ZUKUNFT (*WAS, WENN …*)

Machen Sie in diesem Quadranten immer dann einen Punkt, wenn Sie sich Sorgen über Dinge machen, die noch nicht geschehen sind. Dazu gehören Sorgen über die Zukunft Ihrer finanziellen Situation, Ihrer beruflichen Laufbahn, Ihrer Gesundheit, Ihrer Familie – alles, was Sie dazu veranlasst, in die Zukunft zu projizieren und sich ängstlich zu fragen, was Sie dort wohl erwartet.

GESAMT _____

EMOTIONEN (*WAS ZUM …?*)

Machen Sie in diesem Quadranten immer dann einen Punkt, wenn etwas, das in diesem Moment geschieht, eine emotionale Reaktion bei Ihnen auslöst. Dazu gehören Gefühle des Ärgers auf eine bestimmte Person, Frustration in Zusammenhang mit einer konkreten Situation oder ein allgemeines Gefühl der Unruhe in Bezug auf Ihre momentanen Umstände.

GESAMT _____

STRATEGIE (*WAS JETZT …?*)

Machen Sie in diesem Quadranten immer dann einen Punkt, wenn Sie sich „an die Tatsachen halten." Das bedeutet, dass Sie die Fakten von allen Emotionen oder Urteilen trennen und mit Ruhe und logischem Denken nach Lösungen für die Ereignisse des Tages suchen.

GESAMT _____

Über welchen Zeitraum haben Sie diese Übung durchgeführt (einen Tag, zwei Tage, fünf Tage usw.)?

_____

_____

In welchem Quadranten haben Sie die meisten Punkte gemacht?

_____

_____

Was sagen Ihre gegenwärtigen Denkmuster Ihnen darüber, wo Ihre potenziellen Blockaden liegen, die Sie daran hindern, Zugang zur GNADE zu erlangen?

_____

_____

WICHTIGE ZITATE

- Deine Verleugnung hat nichts an dem geändert, was du bist. Aber du hast deinen Geist gespalten in das, was die Wahrheit erkennt und was sie nicht erkennt. (Ü-I.139.5:3–4)

- Dein Geist kann von Illusionen besessen sein, der reine Geist aber ist ewig frei. (T-1.IV.2:8)

- Gedanken sind nicht groß oder klein, mächtig oder schwach. Sie sind lediglich wahr oder falsch. Diejenigen, die wahr sind, erschaffen ihr eigenes Ebenbild. Diejenigen, die falsch sind, bringen das ihre hervor. (Ü-I.16.1:4–7)

- Du würdest ein wahnsinniges Verhalten deinerseits nicht dadurch entschuldigen, dass du sagst, du könnest nichts dafür. Weshalb solltest du wahnsinniges Denken entschuldigen? (T-2.VI.2:2–3)

- Das Ego ist aus der Trennung hervorgegangen, und die Fortdauer seiner Existenz hängt von deinem fortgesetzten Glauben an die Trennung ab. (T-4.III.3:2)

Erst schauen wir nach innen und entscheiden uns für die Art von Welt, die wir sehen wollen, und dann projizieren wir diese Welt nach außen und machen daraus die Wahrheit, *wie wir sie sehen.*

VORWORT, WAS ER BESAGT

SPIRITUELLE INTELLIGENZ BLOCK #1: Wahrnehmung wird durch Projektion erzeugt

Nachdem Sie jetzt mehr darüber wissen, was das Ego *ist* – nämlich ein Gedanke der Angst, der entsteht, wenn Sie sich von der LIEBE abgeschnitten fühlen –, wollen wir nun einen genaueren Blick darauf werfen, was das Ego *tut*. In den nachfolgenden drei Kapiteln wollen wir darüber sprechen, wie die Denkmuster des Egos uns daran hindern, Zugang zu unserem HÖHEREN SELBST und unserer spirituellen Intelligenz und damit auch zu Weisheit und Mitgefühl am Arbeitsplatz zu erlangen. Wenn Sie den breit gesteckten metaphysischen Rahmen des *Kurses* auf Ihr Berufsleben anwenden, ist es wichtig, dass Sie nicht nur wissen, was diese Egomuster sind, sondern sie auch erkennen können, wenn sie sich in Ihrem eigenen Geist zeigen. Auch wenn das Ego nur ein Gedanke ist, so ist es doch ein Gedanke, der Sie, wenn Sie es ihm erlauben, dazu bringen kann, sich äußerst unklug zu verhalten.

Einen Penny für Ihre Gedanken

Werfen Sie zunächst noch einmal einen Blick auf die Tabelle, die Sie in der Übung in Kapitel 2 ausgefüllt haben. Wo waren Ihre Gedanken? Stellen Sie sich vor, dass Sie für jeden Gedanken, der Ihre Vergangenheit, Ihre Zukunft und Ihre Emotionen betroffen hat, einen Penny mit sich herumtragen müssen. Wenn Sie zum Beispiel auf insgesamt dreißig Punkte kommen, die für eine Form von egobasiertem Denken stehen, bedeutet das, dass Sie dreißig Pennys mit sich herumtragen.

Nehmen wir nun an, dass Sie morgen ebenso viele egobasierte Gedanken denken, sodass noch einmal dreißig Pennys hinzukommen. Übermorgen und an allen folgenden Tagen kommen ebenfalls jeweils dreißig Pennys dazu. Schließlich gelangen Sie an einen Punkt, an dem die Last des zusätzlichen Gewichts Sie überfordert. Eine zunächst relativ einfache Aufgabe ist unerträglich geworden, und Sie können an nichts anderes mehr denken.

Was tun Sie also? Sie versuchen natürlich, sich Ihrer Pennys zu entledigen, und das ist tatsächlich genau das, was wir mit den „echten" Pennys unseres Egos tun müssen. Denken, das auf Angst beruht, wird früher oder später ganz einfach zu schwer, um es für uns zu behalten.

Die Projektion betritt die Bühne

Dem *Kurs* zufolge ist *Projektion* das Hauptwerkzeug des Egos, wenn es darum geht, Angst von Ihrem Geist fernzuhalten. Das bedeutet letztendlich nichts anderes, als dass Sie die Verantwortung für Ihre eigenen Gedanken und Handlungen nach außen verlagern und damit Ihrer direkten Kontrolle entziehen. Dahinter steht der Gedanke, dass, wenn Sie anderen Menschen oder Umständen ausgeliefert sind, es Ihnen erspart bleibt, sich Ihr eigenes Denken als die Ursache von allem anschauen zu müssen, was in Ihrem Leben geschieht.

Die Bewusstmachung der eigenen Projektionen ist im *Kurs* ein wichtiges Thema, und es heißt dort sogar, dass alles, was Sie sehen, „das äußerliche Bild eines inneren Zustands" (T-21.Ein.1:5) ist. So glauben Sie vielleicht, dass Sie wegen etwas verärgert sind, das *Ihnen widerfährt*, während der *Kurs* sagt, dass der wirkliche Grund für Ihren Ärger darin liegt, dass das, was geschieht, *von Ihnen selbst ausgeht*. Es sind *Ihre eigenen* ärgerlichen Gedanken, denen Sie aus dem Weg gehen wollen, indem Sie sie auf eine äußere Sache projizieren. Da es im spirituellen Sinne jedoch kein „außen" gibt, sorgen Sie in Wirklichkeit nur dafür, dass die Energie des Ärgers sich im Kreis bewegt, statt sie vollständig aufzulösen.

Deshalb, so sagt der *Kurs*, können Sie ein Problem erst lösen, wenn Sie erkannt haben, was das *wirkliche* Problem ist. Bis Sie erkennen, dass das wirkliche Problem die Angst in Ihrem eigenen Geist ist, suchen Sie weiterhin in der Welt nach Lösungen und wundern sich, warum sich nichts ändert.

Wie Sie Projektionsgedanken erkennen können

Nachdem Sie nun wissen, was Projektion ist, geht es im nächsten Schritt darum, sie bei sich selbst zu erkennen. Da Projektion ein Produkt unserer Gedanken ist, kann sie naturgemäß unendlich viele Formen annehmen. Die gute Nachricht lautet jedoch, dass jede Projektion im Grunde genommen auf eines der beiden folgenden mentalen Schlaglöcher hinausläuft.

- *„Ich bin (Gefühl), weil (Ereignis)."*
- *„Ich habe (dies entschieden), weil (Verhalten einer anderen Person)."*

Um zu verdeutlichen, was Projektion in Aktion bedeutet, gebe ich nachstehend eine kleine Kostprobe aus dem Repertoire meiner Klienten:

- Ich habe ihr die wütende E-Mail geschickt, *weil* sie mein Budget gekürzt hat.
- Ich habe mich bei diesem Treffen rüpelhaft benommen, *weil* er sich mir gegenüber zuerst rüpelhaft benommen hat.
- Ich plündere nachts den Kühlschrank, *weil* ich wach bin und E-Mails beantworte.

Erkennen Sie, dass die zweite Hälfte des Satzes nicht zwangsläufig etwas mit der ersten Hälfte zu tun hat? Die Klientin, die den Kühlschrank plündert, nimmt zum Beispiel an, ihr Verhalten sei *eine Folge* dessen, dass sie so spät noch auf ist, aber das ist nicht wahr. Wenn es wahr wäre, würde jeder, der zu dieser Zeit ebenfalls noch auf ist, das gleiche zwanghafte Bedürfnis verspüren. Ebenso wenig trifft es zu, dass jeder, dessen Budget gekürzt wurde, automatisch eine böse E-Mail schickt.

Hier wird die Schlussfolgerung gezogen, dass *die Gefühle und das Ver-*

halten in der ersten Satzhälfte an *die projizierte Bedeutung* in der zweiten Satzhälfte geknüpft sind. Die Werkzeuge, die Sie sich bisher angeeignet haben, können an dieser Stelle von äußerst großem Wert sein. Je mehr Sie die häufig trügerische Beziehung verstehen, die Sie zu Ihren eigenen Gedanken haben, umso besser gelingt es Ihnen, die Fakten einer Situation von den damit verbundenen Emotionen zu trennen. Die Befreiung von Ihren Emotionen vertieft Ihre Fähigkeit, im gegenwärtigen Augenblick präsent zu sein, und eröffnet damit einen Raum in Ihrem Geist für Entscheidungen, die von einem höheren Maß an Weisheit und Mitgefühl getragen werden.

Die glückliche Falle

Es ist wichtig zu wissen, dass es dem *Kurs* zufolge ebenso leicht – und ebenso gefährlich – ist, Ihr *Glück* zu projizieren wie Ihren Ärger oder Ihre Traurigkeit. Wenn die Fähigkeit, glücklich zu sein, von einem anderen Menschen oder äußeren Umständen abhängt, ist Ihr Ego auch in den Zeiten am Werk, in denen Sie glücklich sind, weil Sie ständig fürchten müssen, dass Ihnen das, was Sie „vervollständigt", genommen werden könnte.

Denken Sie daran: Angst und insbesondere trennende Gedanken *sind* das Ego. Sie können und sollten also über alle Maßen glücklich sein über die wunderbaren Gaben, die das Leben Ihnen schenkt: ein großartiges Kind, einen tollen Job, einen wunderbaren Partner. Sobald Sie diese Dinge jedoch zur Quelle Ihres Glücks machen, haben Sie ein Ticket für eine emotionale Achterbahnfahrt gelöst, denn jeder herzergreifende Moment der Glückseligkeit, den Sie erleben, geht – ob es Ihnen nun bewusst ist oder nicht – mit einem ebenso herzzerreißenden Moment der Panik einher. Diese Panik ist eine Folge der *Angst*, die von dem tiefen Wissen herrührt, dass Sie das, wovon Ihr Glück abhängt, eines Tages verlieren werden.

Am Arbeitsplatz kommt diese Form der Projektion häufig als Konkurrenzdenken und Unsicherheit zum Ausdruck. Sie freuen sich über ein erfolgreich abgeschlossenes Geschäft, wissen insgeheim jedoch, dass nach Ihnen stets neue, aufstrebende Talente kommen, die Ihnen schon morgen den Platz im Rampenlicht streitig machen. Das führt dazu, dass Sie Ihrem eigenen Leben hinterherjagen: stets auf dem Sprung zum nächsten Ziel und stets darauf konzentriert, wie Sie von „außen" wirken. Klingt das vertraut? Es ist die Angst, vor der Sie weglaufen, wobei es keine Rolle spielt, ob diese Angst nur ein schwaches Summen gerade unterhalb der Oberfläche Ihrer bewussten Wahrnehmung ist oder sich in aufbrausender Wut zeigt. Wenn Sie diese Angst spüren, tun Sie jedenfalls alles, was in Ihrer Macht steht, um sich davon zu befreien.

Das erschaffen, was Sie abwehren wollen

Wenn die Verantwortung für Ihren Schmerz oder Ihr Glück durch Projektion auf eine äußere Ursache verlagert wird, müssen Sie natürlich bis zu einem gewissen Grad eine Verteidigungshaltung einnehmen, um sich „sicher" zu fühlen. Schließlich müssen Sie das *abwehren*, was Ihnen Ihrer Meinung nach schaden kann, und das *verteidigen*, was Ihnen lieb und teuer ist. Die Notwendigkeit, sich an beiden Fronten zu verteidigen, entwickelt sich im Laufe der Zeit immer mehr zu einer schweren Rüstung (oder einer schweren Tasche voller Pennys), die Sie tragen, und ironischerweise ist es dem *Kurs* zufolge gerade diese Verteidigungshaltung, die Ihr Bedürfnis, sich zu verteidigen, noch weiter verstärkt.

Rufen Sie sich einmal die letzte Unterhaltung mit einem Kollegen ins Gedächtnis, die vollkommen aus dem Ruder gelaufen ist. Einer von Ihnen beiden hat im Verlauf des Gesprächs vermutlich eine abwehrende Haltung eingenommen, was den anderen zu einer aggressiven Reaktion veranlasst hat, und ehe Sie sich versahen, lag Spannung in der Luft. Auf einer intellektuellen Ebene ist uns allen bewusst, dass diese Situationen nicht sehr hilfreich sind, aber sie eskalieren meist viel schneller, als wir sie verarbeiten können.

Trotzdem können Sie – vor allem in hitzigen Diskussionen – sehr rasch feststellen, ob Sie projizieren, indem Sie darauf achten, ob Sie in der jeweiligen Situation *gewinnen* wollen, statt den Raum für Mitgefühl und Weisheit zu finden. Wenn Sie aus der Position des Egos – und damit der Trennung – heraus handeln, handeln Sie schließlich aus dem Glauben heraus, dass der andere verlieren muss, damit Sie „gewinnen" können. Das bedeutet, dass Sie selbst dann, wenn Sie letztlich bekommen, was Sie wollten, Ihren Sieg nicht lange genießen können, weil Ihr Angriff nur noch mehr Verbitterung und den Wunsch nach Vergeltung nach sich zieht. Dem *Kurs* zufolge *erschaffen* Sie tatsächlich genau das, was Sie abwehren wollten. *Ist das Stärke?* Die Welt mag es so sehen, aber wir rufen eine LIEBE jenseits dieser Welt an.

KURSARBEIT: **Projektion entwirren**

Du reagierst auf das, was du wahrnimmst, und wie du wahrnimmst, wirst du dich verhalten.

(T-1.III.6:1)

Vor etlichen Jahren habe ich einen Vortrag gehört, in dessen Anschluss eine Frau aus dem Publikum sich beim Redner ganz bitterlich über die zahllosen Hindernisse beklagte, die ihrer Karriere ihrer Meinung nach im Weg standen. Jeden möglichen Weg, den der Redner ihr aufzeigte, und jeden möglichen Handlungsschritt, den er ihr vorschlug, wehrte sie sofort ab.

„Das habe ich schon versucht."
„Das würde nie funktionieren."
„Mein Vorgesetzter hat mich nicht gelassen."
„Mein Mann unterstützt mich nicht."

Schließlich sagte der Redner: *„Es ist nicht so, dass Sie nicht wissen, was zu tun ist. Sie sind nur nicht bereit, voll und ganz zu diesem Wissen zu stehen."*
    Es war eine brillante Antwort, die direkt auf den Punkt kommt und erklärt, warum wir uns für die Projektion unseres Egos und damit für unsere eigene Hölle entscheiden. Manchmal ist es nicht so, dass wir nicht wissen, was zu tun ist. Es ist vielmehr so, dass die praktische Umsetzung dieses Wissens uns zu unbequemen Veränderungen zwingen würde. Das hat zur Folge, dass unser Gehirn – dessen evolutionäre Aufgabe nicht darin liegt, unser Potenzial zu verwirklichen, sondern darin, unser Überleben zu sichern – unser Unbehagen als Bedrohung deutet. Um unsere „Sicherheit" zu gewährleisten, sucht unser Geist daraufhin nach Gründen, warum es eine verhängnisvolle Idee ist, den Schritt ins Unbekannte zu wagen. Dies geschieht übrigens in

Blitzgeschwindigkeit, sodass das, was sich im Moment wie gesundes Urteils-vermögen anfühlt, in Wirklichkeit oft nur die maskierte Angst des Egos ist. Das heißt, dass wieder das kleine Selbst am Werk ist und den Zugang zum HÖHEREN SELBST abschneidet.

Projektion kommt ins Spiel, wenn wir wissen, dass wir durch das Verharren in unserer jetzigen Situation ein viel kleineres Leben führen als das Leben, zu dem wir uns berufen fühlen. Um unsere mangelnde Bereitschaft zur Verän-derung zu rechtfertigen, finden wir deshalb einen anderen Menschen oder einen Umstand, dem wir die Schuld daran geben können. Das funktioniert natürlich nicht, weil wir letztlich wieder nur genau das erschaffen, was wir eigentlich abwehren wollten. Im Fall der Frau, die glaubte, in ihrer Karriere behindert zu werden, war es zum Beispiel ihre eigene Abwehrhaltung rund um die Tatsache, dass sie auf der Stelle trat, *die dafür sorgte, dass genau das der Fall war.*

Die Aufgabe, die ich Ihnen heute stellen möchte, besteht demnach also darin, einmal nicht nur darauf zu achten, wie Projektion in Ihrem eigenen Geist entsteht, sondern besonders auch darauf, was diese Reaktion aus-löst. Wo versuchen Sie, Ihr eigenes Unbehagen zu zerstreuen, indem Sie am Arbeitsplatz die Schuld bei jemand anderem suchen? Wo übernehmen Sie nicht die volle Verantwortung für Ihre Gefühle? Wo hindert übermäßiges Nachdenken Sie daran, aktiv zu werden? Bitte nehmen Sie sich ein wenig Zeit, um nachfolgend zu notieren, was Ihnen in den Sinn kommt.

WICHTIGE ZITATE

- Gib dich nicht länger der Täuschung hin, dass du hilflos bist angesichts dessen, was dir angetan wird. (T-21.II.2:6)

- Leiden ist eine Betonung all dessen, was die Welt dir angetan hat, um dich zu verletzen. (T-27.VII.1:1)

- Das Ego glaubt, Verständnis, Macht und Wahrheit lägen in der Trennung, und um diesen Glauben zu begründen, muss es angreifen. (T-11.V.13:4)

- Verkenne die Intensität der Wut nicht, die projizierte Angst ausbrüten muss. (Ü-I.161.8:3)

- Dein SELBST ist nach wie vor in Frieden, auch wenn dein Geist sich in Konflikt befindet. Du bist noch nicht weit genug zurückgegangen, und deshalb gerätst du in solche Angst. (T-3.VII.5:8–9)

Das Streben nach
Besonderheit geht immer auf
des Friedens Kosten.

(T-24.II.2:1)

4

SPIRITUELLE INTELLIGENZ BLOCK #2:
Besonderheit: der große Diktator
der falschen Entscheidungen

D a die Weltanschauung von *Ein Kurs in Wundern* für so viele Menschen neu und die Anwendung seiner Lektionen auf ein berufliches Umfeld noch viel ungewohnter ist, wollen wir die Höhepunkte unserer bisherigen Reise durch den *Kurs* nachstehend kurz zusammenfassen.

1   Die Wirklichkeit des Einsseins
Nur der Teil von uns, der nicht sterben kann, ist wirklich. Dieser unsterbliche Teil ist unsere spirituelle QUELLE, *im* Kurs *als die* LIEBE *definiert, die allen Lebewesen gemeinsam ist.*

2   Die Wahrnehmung der Trennung
Weil wir uns unserer spirituellen QUELLE *nicht mehr bewusst sind, wenden wir uns unserem getrennten Körper und der Welt zu, um Liebe und Vollständigkeit zu finden.*

3   Angst und Projektion
Wenn wir äußere Bedingungen für unsere innere Ganzheit verantwortlich machen, erzeugen wir ein enorm hohes Maß an Angst, von der wir unseren Geist befreien wollen, indem wir sie auf andere Menschen projizieren. Diese Angst – die der Kurs *als Ego bezeichnet – sorgt dafür, dass unsere Erfahrung des Leidens sich weiter verstärkt.*

Wie Sie sehen, geht es für uns von dem Moment an bergab, in dem wir erkennen, dass unser Einssein zerstört ist. Dies erweitert unseren Blickwinkel nicht nur um die Vorstellung einer *Beziehung* (immerhin können wir uns jetzt anhand anderer „Selbste" beurteilen und uns mit ihnen vergleichen), sondern auch um das Konzept des *Mangels*: Wer hat mehr? Wer hat weniger? Wer wird befördert? Wer wird übergangen? Wer hat das Ohr des Vorgesetzten? Wer steht abseits?

Aus der Sicht des *Kurses* verlieren wir ungeachtet dessen, ob wir glauben, mehr oder weniger als andere Menschen zu haben, weil das Ego uns stets genau dort abholt, wo wir gerade stehen. Wenn wir also glauben, „weniger als" andere Menschen zu sein oder zu haben, tritt das Ego in Form eines Mangelbewusstseins oder eines Gefühls der Unvollständigkeit in Erscheinung. Wenn wir glauben, „mehr als" andere Menschen zu haben oder zu sein, tritt das Ego als das Gefühl in Erscheinung, dass wir jederzeit alles verlieren könnten, was uns lieb und teuer ist, und damit landen wir wiederum in den Armen der Angst.

Die Botschaft, der wir Glauben schenken, lautet in beiden Fällen, dass wir nicht bereits ganz sind. Um unsere inneren Gefühle des Mangels wettzumachen, versuchen wir deshalb oft, die Leere mit äußeren „Gewinnen" zu füllen. Am Arbeitsplatz zählen dazu die berufliche Stellung, Gehalt und Gehaltserhöhungen, die Betreuung der besten Kunden, das schönste Büro oder die besten Geschäftsabschlüsse. Diese Liste ließe sich beliebig fortsetzen.

Etwas Besonderes

Im *Kurs* wird alles, was wir zwischen uns und den Frieden, die Weisheit und das Mitgefühl der LIEBE stellen oder als Ersatz für diese Dinge benutzen, als *Besonderheit* oder *besondere Beziehung* definiert. Wie die Projektion hält auch Besonderheit unser Augenmerk auf das gerichtet, was *außen* ist, um der inneren Arbeit aus dem Weg zu gehen, die echte spirituelle Intelligenz erfordert. Wie die Projektion kann zudem auch die Besonderheit viele Dinge einschließen, die uns glücklich machen (besondere Liebe genannt) oder die Urteile und eine Abwehrhaltung in uns auslösen (besonderer Hass genannt). In manchen Fällen können Sie ein und derselben Sache – beispielsweise einer gescheiterten beruflichen oder persönlichen Beziehung – sogar sowohl besondere Liebe als auch besonderen Hass entgegenbringen. Die betreffende Person ist vom „Erlöser" zum Angriffsziel geworden.

Besonderheit kann vor allem im Berufsleben zu einer Gefahr werden, denn wenn Sie Ihr Identitäts- und Vollständigkeitsgefühl von dem abhängig machen, was in Ihrem beruflichen Umfeld passiert, dann machen Sie sich definitionsgemäß von einer „Quelle" abhängig, die sich ständig verändert. *Haben Sie Ihre Umsatzzahlen erreicht oder nicht? Haben Sie die Beförderung bekommen oder nicht? Kann Ihr Vorgesetzter Sie leiden oder nicht?* Diese Gedanken befördern Sie zurück in die Achterbahn der Gefühle, die Sie in der einen Sekunde zufrieden und in der nächsten voller Sorge sein lässt und die sich auf Ihren Umgang mit anderen Menschen und damit auch auf die Qualität Ihrer Beziehungen und Ihr berufliches Ansehen auswirkt.

Besonderheit auf schmerzhafte Weise erfahren

Vor einigen Jahren befand ich mich in einer *sehr* besonderen Beziehung mit meiner eigenen Karriere, die damit zu tun hatte, dass ich zu viel Selbstwert an dem festmachte, was ich erreichte (und was nicht). Wenn es gut lief und ich zum Beispiel einen größeren Medienauftritt oder einen bedeutenden Vortragstermin hatte, war ich begeistert und überglücklich. Wenn es nicht gut lief, ließ ich jedoch zu, dass meine Enttäuschung auch auf andere Bereiche meines Lebens abfärbte, und vor allem mit meinen Kindern wurde ich dann sehr ungeduldig.

Der Wendepunkt kam, als ich eines Morgens versuchte, meine beiden Söhne zur Eile zu treiben, damit sie nicht zu spät zur Schule kamen. Wir waren an diesem Tag spät dran, und ich erinnere mich, dass ich meinen fünfjährigen Sohn anschrie, er solle seine Schuhe anziehen.

Anschließend schrie ich meinen sechsjährigen Sohn an, er solle seinen Rucksack suchen.

Zu guter Letzt schrie ich *beide* an, sie sollten endlich ins Auto einsteigen.

Als ich die Autotür zuschlug, den Rückwärtsgang einlegte und mich umdrehte, um rückwärts aus der Einfahrt zu setzen, sah ich, dass mein ältester

Sohn auf dem Rücksitz saß und weinte. Sein Gesicht war gerötet, sein Körper vollkommen starr, und Tränen liefen seine Wangen herab.

„Mami", sagte er, „*du machst mich traurig.*"

Das war alles. Kein Schreien. Kein Wutanfall. Nur ein Kind, das ganz offenkundig tief verletzt war.

Mit den Wutanfällen kann ich umgehen, aber das – *das* – war etwas vollkommen anderes. Ich schaute zu seinem Bruder hinüber, der mich kurz ansah und seinen Blick dann auch starr auf den Boden richtete.

Wortlos schob ich den Schalthebel des Wagens in die Parkstellung, packte das Lenkrad mit beiden Händen und saß einfach da, zutiefst erschüttert. In diesem Moment brach eine Welle der Schuld und der Scham über mich herein, und ... ich verlor die Fassung. Ich vergrub das Gesicht in den Händen und weinte, bis meine Nase triefte und meine Augen völlig gerötet waren.

Schließlich atmete ich einige Male tief durch, wandte mich zu meinen Söhnen um und streckte ihnen die Hände entgegen.

„Nehmt meine Hände", sagte ich.

Sie fassten jeweils die Fingerspitzen einer Hand.

„Es tut mir leid. Ich hätte euch nicht anschreien dürfen. Ich weiß nicht, was mit mir nicht stimmt, aber ich verspreche euch, dass ich es herausfinde und mich bessere. In Ordnung?"

Sie nickten beide, aber auf der Fahrt zur Schule herrschte dennoch betretenes Schweigen.

Nie ist es der Götze, den du willst

Ich habe in diesem Moment gelernt, warum es im *Kurs* heißt: „Besonderheit ist der große Diktator, der falsche Entscheidungen diktiert." (T-24.I.5:1) Wenn wir nämlich von einem Ort *ausgehen*, an dem unser Gefühl der Vollständigkeit an äußeren Dingen – beruflichen Leistungen, einem anderen Menschen, dem Stand unseres Bankkontos – festgemacht ist, durchläuft unser Verhalten das gesamte Spektrum vom Selbstmitleid über die Manipulation bis hin zum Angriff, um das zu bekommen und zu behalten, was wir haben wollen. Dann sind *nicht* Weisheit oder Mitgefühl die Triebkräfte für unsere Entscheidungen, sondern Verzweiflung und Kontrolle. Das führt meist dazu, dass wir genau die Dinge verlieren, die wir zu unseren Götzen gemacht haben, und es schickt uns in die Welt zurück, um den Schmerz zu betäuben.

Klingt das vertraut?

Leider raubt dieses Muster nicht nur vielen Menschen den Frieden, sondern ist auch die Hauptursache lähmender Abhängigkeiten, die von der Sucht nach Beziehungen, Essen, Arbeit und Technik bis hin zur Abhängigkeit von Drogen und Alkohol reichen. Und während wir „unsere Ohren anstrengen, um die unhörbare Stimme der Welt zu hören" (T-24.II.4:6), wird die Erinnerung daran, wer wir wirklich sind, in unserem Bewusstsein blasser ... und blasser ... und blasser.

> **Alles, was du dir selber beigebracht hast,**
> **hat deine Macht zunehmend vor dir verschleiert.**
> **Du weißt nicht, was sie ist noch wo sie ist.**
>
> (T-14.XI.1:5–6)

Dieses Problem wird noch verstärkt durch die Tatsache, dass wir, während wir fieberhaft den Götzen nachjagen, die wir besonders gemacht haben, blind werden für die Tatsache, dass *das Streben selbst auch eine Falle ist*. Dann verfallen wir in das, was der *Kurs* als „flüchtiges Glück" (T-21.VII.13:1) bezeichnet. Es bedeutet, dass wir zu dem Glauben gelangen, wir seien nur *ein Ziel entfernt* davon, die wahre Glückseligkeit und Erfüllung zu erlangen. Dies erzeugt wiederum eine endlose Spirale aus *Wenn-Danns*, bei denen der Erfolg immer in Sichtweite, aber auch immer knapp außerhalb unserer Reichweite ist. Mit Blick auf Ihre Karriere könnte dies so klingen:

Wenn ich einen neuen Job finde, *dann* bin ich glücklich.
Wenn ich befördert werde, *dann* bin ich glücklich.
Wenn ich der Chef bin, *dann* bin ich glücklich.
Wenn ich mehr Geld verdiene, *dann* bin ich glücklich.
Wenn meine Kollegen mich respektieren, *dann* bin ich glücklich.
Wenn ich berühmt werde, *dann* bin ich glücklich.

Diese Gedanken erstrecken sich natürlich auch auf Lebensbereiche, die nichts mit Ihrer Arbeit zu tun haben. Beispiele hierfür sind:

Wenn ich die Krankheit überwunden habe, *dann* bin ich glücklich.
Wenn ich den richtigen Partner treffe, *dann* bin ich glücklich.
Wenn ich ein Kind habe, *dann* bin ich glücklich.
Wenn ich abgenommen habe, *dann* bin ich glücklich.

Dennoch erinnert der *Kurs* uns daran: „Nie ist es der Götze, den du willst. Doch das, wovon du denkst, er biete es dir, das willst du ...“ (T-30.III.4:1–2) Das bedeutet mit anderen Worten, dass wir so sehr damit beschäftigt sind, der gewünschten *Form* unseres Erfolges nachzujagen, dass wir nicht erkennen, worauf wir *wirklich* aus sind, nämlich auf das Gefühl der Vollständigkeit, das dieser Erfolg uns in unserer Erwartung bringen soll. Wir streben nach der *Vollständigkeit*, die nur ein anderes Wort für die LIEBE ist, und wir suchen sie völlig gedankenlos in einer Welt, in der sie nicht gefunden werden kann.

> **„Suche, aber finde nicht“, bleibt der strenge Erlass**
> **dieser Welt, und niemand, der die Ziele der Welt verfolgt,**
> **kann etwas anderes tun.**
>
> (H-13.5:8)

Wenn unser Erfolg an einer Quelle gemessen wird, die ständig in Bewegung ist, wie können wir dann nicht ständig nach Dingen greifen? Und was geschieht, wenn wir unsere Arbeit verloren haben, wenn uns der Ruhm versagt bleibt, wenn das Kind nicht kommt oder wenn der Krebs sich in unserem Körper ausbreitet? Im *Kurs* heißt es, dass, wenn wir eine äußere Glücksquelle zu unserem Götzen machen und dieser Götze stürzt, wir mit ihm zu Fall kommen – und wir fallen hart.

Deshalb besteht das Heilmittel für Besonderheit dem *Kurs* zufolge vor allem in der Erkenntnis, dass Sie Zugang zu einem ewigen, unveränderlichen Kern der LIEBE haben, der ungeachtet aller Veränderungen und Umbrüche in Ihrem Umfeld stets vollkommen bleibt. Tatsächlich antwortet der *Kurs* auf unser Streben nach einem „Schatten, der an nichts haftet“ (T-21.

VII.12:6), indem er uns daran erinnert, dass wir uns immer dann, wenn wir ein Gefühl des Mangels zulassen, für den Glauben entscheiden, dass die LIEBE unvollkommen ist und somit auch wir unvollkommen sind.

Unser Verhalten mag unvollkommen sein (und ist es häufig auch), aber wir dürfen nicht vergessen, dass Verhaltensweisen auf der Ebene des Körpers und nicht auf der Ebene des reinen Geistes zu Hause sind. Auf dieser Ebene – der spirituellen Ebene des Glaubens – fordert der *Kurs* Sie auf, eine Entscheidung zu treffen: Sie können sich für den Glauben entscheiden, dass Sie vollkommen und ganz geschaffen wurden, oder Sie können glauben, dass Sie unvollkommen sind und deshalb allen Grund haben, sich allein und benachteiligt zu fühlen, Angst zu haben und zu glauben, dass Sie in Konkurrenz zu anderen Menschen stehen. Diese beiden Denksysteme stehen Ihnen zur Auswahl, und wenn Sie Angst bekommen, ist völlig klar, für welches Denksystem Sie sich entschieden haben.

> **Jedes Mal, wenn Angst da ist, liegt es daran,**
> **dass du dich nicht entschieden hast.**
> **Dein Geist ist deswegen gespalten, und es ist unvermeidlich,**
> **dass dein Verhalten sprunghaft wird.**
>
> (T-2.VI.5:8–9)

Dein SELBST ist noch in Frieden

Das bedeutet, dass alles, was Sie in beruflicher Hinsicht erreichen (oder nicht erreichen), unerheblich ist verglichen mit der Haltung, die Sie dazu einnehmen. Es heißt mit anderen Worten, dass *alles*, was mit Ihrem Auftreten und Ihrer Selbstdarstellung am Arbeitsplatz zu tun hat, etwas darüber aussagt, wer und was Sie selbst und auch alle anderen Menschen Ihrer Meinung nach sind. Wenn Sie glauben, dass Ihre Identität durch das definiert wird, was Sie tun, so ist das Ihre Entscheidung. Sie sollten jedoch darauf gefasst sein, dass diese Entscheidung mit einem enorm hohen Maß an Ängsten und Sorgen verbunden ist, weil Sie Ihren eigenen Wert daran bemessen, ob Sie das „richtige" Ziel treffen oder die „richtigen" Leute dazu bringen, Sie zu mögen. Sie sollten außerdem darauf gefasst sein, dass diese Entscheidung mit einem extrem hohen Maß an zwischenmenschlichen Spannungen einhergeht, weil Sie mit anderen Menschen in Konkurrenz treten und sie danach beurteilen, ob sie bereit sind, Ihre Bedürfnisse zu erfüllen, oder nicht. Sie treffen diese Entscheidungen selbst, aber Sie zahlen dafür mit dem Verlust Ihres Friedens.

Je mehr Sie der Geisteskrankheit der Besonderheit und ihrem ständigen Auf und Ab jedoch den Rücken kehren und sich dem unveränderlichen Kern der LIEBE zuwenden, umso mehr Geistesgesundheit tragen Sie in Ihre Arbeit und in Ihr menschliches Umfeld hinein. Wir werden an späterer Stelle noch näher darauf eingehen, wie dies geschehen kann, aber denken Sie schon einmal darüber nach, wie anders Sie im Büro auftreten würden, wenn Sie Ihr wahres SELBST als die LIEBE erkennen – *wirklich erkennen* – würden und imstande wären, andere Menschen als Ausdehnungen derselben QUELLE zu sehen. Denken Sie darüber nach, wie anders die Aura und die Energie wären, die Sie in Ihre Arbeit hineintragen würden, und wie unbewegt und unbedroht Sie allem Chaos, das Sie umgibt, und allen Umständen, die sich Ihrer Kontrolle entziehen, entgegentreten könnten. Stellen Sie sich vor, welche Wirkung Ihre Präsenz auf Kollegen hätte, die Sie als ein Vorbild an Selbstbeherrschung und Gelassenheit sehen würden, und welche Wirkung dies wiederum auf Ihren Einfluss und auf die kulturelle Dynamik innerhalb des Unternehmens hätte.

All das ist möglich und wartet, wie es im *Kurs* heißt, nur darauf, dass Sie sich dafür entscheiden.

Die Tatsache, dass wir uns so sehr darum bemühen, unsere Suche nach innerer Vollständigkeit in äußeren Dingen fortzusetzen, lässt jedoch darauf schließen, dass die Entscheidung möglicherweise doch nicht ganz so einfach ist. Wie Sie im nächsten Kapitel erfahren werden, wurde uns vielleicht alles gegeben, *aber was geschieht, wenn wir es nicht wirklich wollen?*

KURSARBEIT: Vorliebe versus Investition

**Er macht sich Tausende von Heimen,
doch keines stellt seinen ruhelosen Geist zufrieden.**

(Ü-I.182.3:3)

Kenneth Wapnick, der weltweit bekannte Lehrer des *Kurses*, sprach oft über den Unterschied zwischen Investition und Vorliebe und sagte, wir sollten uns unserer *Vorliebe* für ganz bestimmte Menschen, Orte, Kunstrichtungen, Kleiderstile oder spirituelle Praktiken bewusst sein, ohne in sie zu *investieren*. Da eine Investition der Nährboden für Besonderheit ist, besteht Ihre heutige Aufgabe darin, einmal zu überlegen, in welch vielfältiger Weise wir unsere Identität um die Dinge herum aufgebaut haben, die die Welt für wichtig erachtet, und wie uns dies immer tiefer in das gespaltene, egobasierte Denken hineintreibt.

Machen Sie sich bewusst, dass wir zum Beispiel für eine „Sonderbehandlung" mehr bezahlen, dass wir „besondere" Anlässe feiern, dass Firmen „besondere" Vergünstigungen gewähren oder dass neugierige Verwandte fragen, ob Sie denn schon jemand „Besonderen" kennengelernt haben. Die Liste ließe sich beliebig fortsetzen. Überlegen Sie dann, auf welche Weise Sie in *Ihre eigene* Besonderheit investiert haben, um Ihr Selbstwertgefühl zu stärken, und seien Sie neugierig auf das, was Ihnen in den Sinn kommt.

In beruflicher Hinsicht ist es auch hilfreich, einmal zu überlegen, in welcher Form Sie *andere* Menschen „besonders" gemacht haben – entweder durch Ihre Verehrung (besondere Liebe) oder durch Ihre Verachtung (besonderer Hass) –, und welche Gefühle dies in Ihnen ausgelöst hat. Was geschieht in Ihrem eigenen Geist, wenn Sie einen Kollegen, einen Mitarbeiter oder einen Vorgesetzten über oder unter sich stellen, und wie beeinflusst es Ihr Verhalten in Gegenwart dieser Menschen? Neugierde in Bezug darauf, auf welche Weise und in welche Richtung Sie Ihre Beziehungen ausrichten, kann Ihnen tiefgreifende Erkenntnisse über Ihr eigenes Selbstwertgefühl sowie darüber bescheren, wo Sie Ihre „Investitionen" getätigt haben.

Nehmen Sie sich also bitte fünf Minuten Zeit, um aufzuschreiben, was Ihnen in den Sinn kommt. Unterbrechen Sie den Schreibfluss nicht und nehmen Sie auch keine Korrekturen vor. Stellen Sie einfach eine Uhr und verpflichten Sie sich, den Stift von Anfang bis Ende über das Papier gleiten zu lassen. Dies ist eine äußerst hilfreiche Übung, wenn es darum geht, dem Ego auf die Schliche zu kommen und trennende Gedanken in den Vordergrund Ihres Bewusstseins zu holen. Sie sollten sie also nicht überspringen. Die Erkenntnisse, die Sie daraus gewinnen, sind fünf Minuten Ihrer Zeit allemal wert.

WICHTIGE ZITATE

- Jede besondere Beziehung, die du hergestellt hast, bezweckt als ihr grundlegendes Ziel, deinen Geist so völlig in Anspruch zu nehmen, dass du den Ruf der Wahrheit nicht hörst. (T-17.IV.3:3)

- Täusche dich nicht selbst, indem du dich glauben machst, du könntest friedlich mittels irgendetwas Äußerem eine Beziehung zu GOTT oder zu deinen Brüdern haben. (T-1.VII.1:7)

- Wir haben bereits festgestellt, wie viele unsinnige Dinge dir als Erlösung erschienen. (Ü-I.76.1:1)

- Das Gebet um Dinge dieser Welt wird Erfahrungen dieser Welt bringen. (H-21.3:1)

- ... alle besonderen Beziehungen [enthalten] Elemente von Angst. Deswegen wechseln und verändern sie sich so häufig. Sie gründen nicht allein auf unveränderlicher Liebe. Und auf Liebe, in die Angst gedrungen ist, ist kein Verlass, weil sie nicht vollkommen ist. (T-15.V.4:1–4)

Die Wahrheit kann sich nicht
mit den Irrtümern befassen,
die du haben möchtest.

(T-3.IV.7:2)

5

SPIRITUELLE INTELLIGENZ BLOCK #3:
Die Notwendigkeit der Selbstsabotage

Jo ist die Direktorin einer regionalen Bank, die von der Rezession besonders hart getroffen wurde. Nach jahrelangen Rekordgewinnen zwangen stetig sinkende Erträge sie dazu, viele Mitarbeiter – darunter ihren eigenen Stiefvater – zu entlassen, und die damit verbundenen negativen Folgen hatten nicht nur eine demoralisierende Wirkung auf die verbleibenden Angestellten, sondern brachten ihr zudem auch den Spitznamen der „Henkerin" ein.

Nach außen hin versuchte Jo, sich nichts anmerken zu lassen (und sei es nur, um die Gläubiger zu überzeugen), aber hinter verschlossenen Türen zweifelte sie ernsthaft an ihrer Fähigkeit, mit den Belastungen und Anforderungen umgehen zu können, die ihre Position an sie stellte.

Und als sei das allein noch nicht schlimm genug, wandte sich nun auch noch der Vorstand gegen sie.

„Ein bestimmtes Mitglied im Vorstand hat es besonders auf mich abgesehen und setzt alles daran, dass ich gefeuert werde", sagte sie mir. „Er sagt in aller Öffentlichkeit schreckliche Dinge über mich, die mich immer noch zu sehr schmerzen, als dass ich sie hier wiederholen möchte."

Nach einer Sitzung, bei der das fragliche Vorstandsmitglied (nennen wir ihn Larry) besonders grausam zu ihr war, fragte Jo mich, was sie tun sollte.

„Bete für sein Glück", sagte ich ihr.

Der Ausdruck puren Widerwillens auf ihrem Gesicht sagte alles.

„Du *willst* mich für dumm verkaufen", antwortete sie. „Das könnte ich nie tun."

Zum Eins(sein) gelangen

Lassen Sie uns einmal darüber nachdenken, was zwischen dem Frieden, den Jo selbst in dieser extrem schwierigen Zeit hätte erfahren können, und dem stand, was sie tatsächlich fühlte, nämlich kaum verhüllten Zorn, der genährt wurde von Verletztheit und Angst. Als ich Jo bat, mir zu erklären, was genau sie so wütend machte, sagte sie sofort, es sei sein *Verhalten* und vor allem die Tatsache, dass er sie in den Sitzungen anschrie und in der Öffentlichkeit verunglimpfte.

„Da gibt es absolut nichts schönzureden", sagte sie mir. „Wir befinden uns im Krieg."

Ich verstand, was Jo sagte, und ich verstand auch, warum sie der Meinung war, jetzt sei nicht die Zeit für spirituelle Intelligenz. Meine Aufgabe bestand jedoch darin, sie vom Gegenteil zu überzeugen.

Zunächst wollte ich in Jo die Bereitschaft wecken, die spirituelle Vollkommenheit in Larry zu sehen. Ich bat sie, sich im Laufe des Tages meditativ immer wieder eine Reihe von Fragen zu stellen und diese Übung so lange fortzusetzen, bis sie jede Frage ehrlich mit ja beantworten konnte. Die Fragen lauteten:

1. Kannst du den unveränderlichen Kern erkennen, der in ihm existiert?
2. Kannst du erkennen, dass der unveränderliche Kern, der in ihm existiert, ungeachtet seines äußeren Verhaltens vollkommen ist?
3. Kannst du erkennen, dass er den unveränderlichen Kern, den er in sich trägt, mit dir teilt?

Nach etwa einer Woche, in der sie manchmal einen Schritt nach vorne und zwei Schritte zurück ging, gelangte Jo widerwillig an einen Ort, an dem sie die spirituelle Verbundenheit anerkennen konnte, die sie mit Larry teilte. Das war zuerst alles, wozu sie bereit war, aber es reichte aus, um ein winziges spirituelles Fundament zu schaffen, auf dem wir uns eine Zeitlang einfach niederließen.

Langsam – sehr langsam – dämmerte in ihrem Denken die Erkenntnis herauf, dass sich unter Larrys äußerem Verhalten ein nur allzu menschlicher Mann verbarg, der ebenfalls um seine Situation besorgt war. Sie verstand tatsächlich zum ersten Mal, dass *nur* ein extrem hohes Maß an Angst jemanden dazu bringen konnte, sich so zu verhalten, wie er es tat.

Während sie diesen Durchbruch verarbeitete, erklärte Jo mir, dass sie beschlossen habe, „durch sein Verhalten hindurch auf die Wahrheit dessen zu schauen, der er ist, und sein Handeln als einen Schrei nach Liebe zu sehen."

Jo war noch nicht an dem Punkt angelangt, an dem sie fähig war, für Larrys Glück zu beten, aber sie *war* fähig, sich zusammen mit ihm in einem Raum aufzuhalten, ohne sich zurückzuziehen oder entrüstet aufzuplustern. Dies war eine neue Entwicklung, die wir beide als bemerkenswerten Fortschritt betrachteten. Trotzdem war sie, obwohl sie mit der Macht und Präsenz in Berührung gekommen war, die spirituelle Intelligenz mit sich bringt, immer noch nicht in der Lage, diesen Zustand dauerhaft aufrechtzuerhalten. Es gab Momente, in denen Larry ihr unter die Haut ging, und wenn es geschah, scheute sie nicht davor zurück, es ihm deutlich zu sagen.

Das erste Hindernis vor dem Frieden

Sobald ich Jo bat, mir zu sagen, was genau sie so wütend machte, nannte sie – wie schon erwähnt – das Verhalten ihres Kollegen als Grund. Während sie sich ernsthaft bemühte, ihn als eins mit sich selbst zu sehen, ließ ich ihre Aussagen so stehen, aber nachdem sie in dieser Hinsicht einige Fortschritte gemacht hatte, war es an der Zeit, auch dieses Thema ernsthaft anzugehen.

Im *Kurs* gibt es einen wunderbaren Abschnitt, der den Titel „Die Hindernisse vor dem Frieden" (T-19.IV) trägt und in dem das erste Hindernis vor dem Frieden als „der Wunsch, ihn loszuwerden" bezeichnet wird. Wie Jo sind vielleicht auch Sie verwundert über die Sprache, die der *Kurs* hier benutzt, und fragen sich, warum irgendjemand den Wunsch haben sollte, den Frieden „loszuwerden". Trotzdem erzählt unser Verhalten oft eine ganz andere Geschichte, nicht wahr? Bei Jo war es so, dass sie sich jedes Mal, wenn sie ihren Ärger und ihre Angst auf Larry projizierte und ihn für ihre Gefühle und ihr daraus folgendes Verhalten verantwortlich machte, *dafür entschied*, ihren Frieden aufzugeben.

Jo hatte diese Tatsache auf einer intellektuellen Ebene verstanden. Das Problem war, dass sie nicht wusste, wie sie daran etwas ändern konnte.

Die Illusion des Denkens

Vielleicht mussten Sie Ihren Arbeitsplatz noch nicht so erbittert und so öffentlich verteidigen, wie es bei Jo der Fall war, aber ich gehe davon aus, dass es auch bei Ihnen Momente gegeben hat, in denen angstbasierte Verhaltensweisen zu einem Konflikt geführt oder zumindest Ihre Fähigkeit beeinträchtigt haben, unter Druck gelassen und selbstbeherrscht zu handeln. Momente also, in denen Sie Ihren Frieden „losgeworden" sind.

Wenn die Urteile und die Angst, die Sie in der „Hölle" festhalten, tatsächlich aber nicht mehr als Gedanken sind, *sollten Sie sich davon befreien können, wann immer Sie sich dafür entscheiden.* Schließlich werden Gedanken erst dann manifest, wenn Sie auf sie reagieren, und das bedeutet, dass Sie – zumindest theoretisch – in der Lage sein sollten, Ihr Denken über eine „große" Sache (beispielsweise ein Vorstandsmitglied, das Sie feuern will) ebenso leicht zu ändern wie über die „kleine" Frage, in welchem Lokal Sie zu Mittag essen sollen.

Wenn Sie jetzt verwirrt den Kopf schütteln, ist es vielleicht hilfreich, die Sache aus einem anderen Blickwinkel zu betrachten. Wenn ich Sie bäte, jetzt beispielsweise Ihre Nase zu berühren, wären Sie dazu problemlos in der Lage. Wenn ich Sie bäte, jetzt Ihren Bauchnabel zu berühren, wäre das vermutlich ebenfalls kein Problem. Wenn ich Sie dagegen bäte, jetzt Ihre *Angst* zu berühren, wären Sie dazu nicht in der Lage. Das liegt daran, dass die Angst nicht „existiert". Sie *fühlt sich wirklich an*, wenn Sie in ihr versinken, aber bei genauerem Hinsehen gibt es außer Ihren eigenen Gedanken nichts, worin Sie versinken könnten. Noch nicht einmal diese Gedanken sind wirklich, solange Sie sich nicht darauf einlassen, sodass die Tatsache, dass Sie sich freiwillig an Gedanken klammern, die Ihnen nicht dienen, also bedeuten muss, dass Sie auf einer bestimmten Ebene *daran festhalten wollen*. Die offenkundige Frage, die hier gestellt werden muss, lautet deshalb: *Warum entscheiden Sie sich immer wieder dafür, Ihre eigene Hölle zu erschaffen, obwohl Sie wissen, dass die Befreiung daraus ganz einfach dadurch möglich ist, dass Sie Ihr Denken ändern?* Bei Jo lautete die Frage, warum sie nicht für Larrys Glück beten *wollte*, obwohl sie wusste, dass sein Glück auf der tiefsten Ebene mit ihrem eigenen Glück verknüpft war.

Die ganz besondere Beziehung
(zum kleinen Selbst)

Es zeigt sich, dass unsere Abneigung und unser „Unwille, (eine Sichtweise des Einsseins und der wechselseitigen Verbundenheit mit allem Sein) zu lernen" (T-31.I.1:6), von der Tatsache herrühren, dass es uns *gefällt*, eine individuelle Identität zu haben. Es gefällt uns, mit anderen Worten, *unseren* Körper, *unsere* Familie und *unsere* Freunde als besonders zu sehen. Es gefällt uns, *unseren* Namen auf dem Zertifikat und *unseren* Titel auf dem Namensschild neben der Bürotür zu sehen. Und wenn wir wirklich ehrlich sind, müssen wir gestehen, dass es uns auch gefällt, uns gegen andere Menschen zu messen, weil wir biologisch darauf programmiert sind, zu gewinnen. Die „Gewinner" sind letztlich diejenigen, die den besseren Job haben, das schönere Haus bewohnen und sich den exklusiveren Urlaub leisten können – ganz zu schweigen davon, dass sie unter viel mehr potenziellen Partnern oder Partnerinnen auswählen können und damit weit größere Chancen haben, ihre eigenen Gene an zukünftige Gewinnergenerationen weiterzugeben.

Wenn wir also den Bedingungen des Plans, den der *Kurs* für unser Glück vorsieht, nämlich die wechselseitige Verbundenheit aller Dinge anzuerkennen, nicht zustimmen, warum sollten wir dann unsere Urteile loslassen, um die Verwirklichung dieses Plans zu ermöglichen? Nein, danke! Wir behalten lieber die Hölle. Genau hier liegt natürlich das Problem, denn um unsere Urteile und unser getrenntes Selbst behalten zu können, *müssen wir den Frieden loswerden.* Das heißt mit anderen Worten, dass wir uns Tag für Tag selbst sabotieren müssen, indem wir die Entscheidung treffen, unser wahres SELBST zu vergessen und die wahrgenommene Trennung aufrechtzuerhalten. Damit verspüren wir nicht nur den *Drang,* sondern halten es sogar für eine *Notwendigkeit,* über andere Menschen zu urteilen.

Das zweite Hindernis vor dem Frieden

Dies bringt uns zum zweiten Hindernis vor dem Frieden, das der *Kurs* als „die Anziehungskraft der Schuld" (T-19.IV) definiert. Wir werden, einfach gesagt, von dem Gedanken angezogen, dass *andere Menschen* die Schuld an einer negativen Situation tragen, weil es uns selbst von der Schuld befreit. So profitieren wir gleich doppelt, denn wir können auch unsere Besonderheit und unsere Projektionen aufrechterhalten, ohne je zu erkennen, dass sie die Ursache unseres Schmerzes sind. Bezogen auf das Beispiel von Jo und Larry heißt das, dass, wenn Larry die Schuld an der Situation trägt, weil er durch sein angriffslustiges Verhalten ständig Unruhe stiftet, Jo ihrer Meinung nach aus der Verantwortung entlassen ist. Schließlich war nicht *sie*, sondern *er* derjenige, der ihr die Hölle bereitet hat, in der sie steckt.

> **Doch wenn du Autor der Wirklichkeit sein willst,**
> **wirst du darauf beharren, am Urteilen festzuhalten.**
>
> (T-3.VI.5:8)

Wenn ein Urteil bedeutet, dass Sie etwas als getrennt wahrnehmen, und wenn Trennung bedeutet, dass Sie die Macht erlangen, „Autor Ihrer eigenen Wirklichkeit zu sein", dann haben Sie also *ein ganz persönliches Interesse daran, ständig über alles zu urteilen, was Sie sehen.* Etwas, das Sie als gut beurteilen, vermittelt Ihnen das Gefühl, die Kontrolle zu besitzen. (*Ich* habe dafür gesorgt, dass es passiert.) Etwas, das Sie als schlecht beurteilen, vermittelt Ihnen das Gefühl, das Opfer zu sein. (Es ist *sein* oder *ihr* Fehler.) In beiden Fällen können Sie Ihr kleines Selbst behalten, und das war von Anfang an das Ziel.

Selbst-*Meditation*

Obwohl Jo mit den Hindernissen vor dem Frieden konfrontiert war, gelang es ihr immer besser, ihre wechselseitige spirituelle Verbundenheit mit Larry anzuerkennen. Die obigen Fragen, die sie sich zu seinem unveränderlichen

Kern stellen sollte, zeigten allmählich Wirkung. Trotzdem wurden ihre Gefühle phasenweise immer noch stark von Urteilen und Wutausbrüchen bestimmt, die sie anscheinend nicht abschütteln konnte. An diesem Punkt beschlossen wir, tiefer in die Selbst-*Meditation* einzusteigen, was für sie eine tägliche fünfminütige Praxis bedeutete, die ich ihr „verordnete". Anstelle des vergeblichen Versuchs, ihren Frust zu ignorieren, oder ihn verbittert gegenüber jedem zu äußern, der ihr zuhören wollte, stellte Jo sich zunächst vor, dass sie selbst und Larry von Strahlen weißen Lichts umgeben waren, die den reinen Geist symbolisierten, den sie miteinander teilten. Dann bat sie um heilende Gedanken und zu guter Letzt, obwohl es sie große Überwindung kostete, betete sie für Larrys Glück.

Jo wiederholte diese reflexive Praxis jeden Tag, bis ihre Wut sich schließlich so weit gelegt hatte, dass sie Larry bei einer Vorstandsitzung zum großen Erstaunen aller Anwesenden ganz freundlich zu einem erfolgreich abgeschlossenen Projekt gratulieren konnte.

Kein Schäumen vor Wut. Keine niederträchtigen Blicke. Kein kaum verborgener Sarkasmus. Einzig eine spirituelle Intelligenz, die stark genug geworden war, um zu erkennen, dass ihr Zorn eine angespannte Situation nur noch weiter verschlimmerte und dass Larry ungeachtet seines Verhaltens dieselbe Präsenz der LIEBE in sich trug wie sie selbst.

Jos Beziehung zu Larry verbesserte sich dramatisch. Heute, acht Jahre später, ist sie noch immer die Direktorin der Bank, und er ist noch immer im Vorstand. Sie sitzen nach Feierabend nicht gesellig zusammen und haben auch während der Arbeit nur sehr wenig Kontakt, aber die unterschwellige Feindseligkeit ist verschwunden und die Bank erwirtschaftet wieder hohe Gewinne.

„Und das Beste von allem ist, dass ich nicht mehr die Henkerin bin", bemerkte sie eines Tages scherzhaft.

Wenn man sich ihre Geschichte anschaut, könnte man rasch zu der Überzeugung gelangen, Jo habe „gewonnen", weil sie es geschafft hat, ihren Job zu behalten. Das ist zwar richtig, aber wir haben es hier mit einem noch weit größeren und bedeutenderen Gewinn zu tun, der mit dem berühmten Zitat von Mahatma Gandhi zusammengefasst werden kann: „Wie das Mittel, so der Zweck." Jo erkannte, dass, wenn sie den *Weg* des Ärgers und der Verbitterung wählte, ihr *Ziel* ebenfalls Ärger und Verbitterung sein würden. Ich behaupte sogar, dass sie an einem völlig anderen Ziel angekommen wäre, wenn ihr Weg darin bestanden hätte, ihren Frieden immer wieder loszuwerden, indem sie die Schuld bei anderen Menschen suchte.

Genau das macht die spirituelle Intelligenz nicht nur zum reifsten Ansatz, wenn es darum geht, sich den vielfältigen Herausforderungen des Lebens zu stellen, sondern – wie bereits erwähnt – auch zu einer echten Superkraft für Ihre Karriere. Wenn Sie einen anderen Menschen unabhängig davon, was er getan hat, anschauen und der WAHRHEIT dessen, wer er ist, mit der WAHRHEIT dessen begegnen können, wer Sie sind, kann Ihre Angst Sie nicht länger beherrschen. Und alles, was Sie tun müssen, um dieses Ziel zu erreichen, ist, sich die Frage zu stellen: „Bin ich bereit, in diesem Moment die Unschuld in mir und in ihm oder ihr zu sehen?"

Ein Blick auf die Sünde

Ich weiß. Sie denken jetzt sicher: *„Moment!"* Für ein rüdes Vorstandsmitglied mag das angehen, aber was ist mit Mördern, Vergewaltigern, Drogenhändlern, Terroristen und Kinderschändern? Sollen wir diese Verbrechen „ans Licht" bringen, die Täter aber letztlich aus der Verantwortung entlassen, weil wir alle dieselbe spirituelle Präsenz der LIEBE miteinander teilen? Das ist eine gute und natürlich auch äußerst wichtige Frage, sodass ich sie an dieser Stelle im Rahmen des *Kurses* beantworten möchte, auch wenn es auf den ersten Blick den Anschein hat, als ob ich von unserem eigentlichen Thema abweichen würde.

Wir neigen dazu, schreckliche Taten wie Mord und Vergewaltigung als „Sünde" zu betrachten, und wenn Sie in einer traditionell religiösen Familie aufgewachsen sind, hat man Sie vermutlich gelehrt, dass Sünde mit dem „Tod" bestraft werden muss. Wie Sie mittlerweile vermutlich bereits ahnen, verfolgt der *Kurs* hier jedoch einen anderen Ansatz.

Sünde wird im *Kurs* ganz einfach als „ein Mangel an Liebe" (T-1.IV.3:1) definiert. Das bedeutet, dass auf der Ebene des reinen Geistes weder Sünde noch Tod geschehen können, denn der reine Geist IST die LIEBE, und er kann weder angreifen noch sterben. „Sündigen hieße gegen die Wirklichkeit verstoßen", sagt deshalb der *Kurs* (T-19.II.2:2), und das ist unmöglich.

**Wenn Sünde wirklich ist, muss GOTT Krieg
mit SICH SELBER führen. ER muss gespalten und zwischen
Gut und Böse hin und her gerissen sein,
teils vernünftig und teils wahnsinnig.**

(T-19.III.6:3–4)

Der springende Punkt ist, dass Gott, der die LIEBE ist, die Sünde niemals erschaffen haben kann, denn das würde heißen, dass er *eine Kraft geschaffen hätte, die der LIEBE entgegengesetzt ist.* (Das ist, wie bereits erwähnt, auch der Grund, warum es im *Kurs* keinen „Teufel" gibt.) Es würde bedeuten, dass die Sünde, um wirklich sein zu können, eine größere Macht sein müsste als die LIEBE.

**Wenn Sünde wirklich ist, dann muss sie ewig jenseits
der Hoffnung auf Heilung sein. Denn dann gäbe es eine Macht
jenseits von GOTTES Macht, die fähig wäre,
einen anderen Willen zu machen, der SEINEN WILLEN
angreifen und besiegen ... könnte.**

(T-19.III.8:1–2)

Damit sind wir wieder bei der spirituellen Vollkommenheit und der Illusion der Trennung angelangt, über die wir bereits gesprochen haben. Denken Sie daran, dass es aus der Sicht des *Kurses* keine „guten" und „bösen" Kräfte gibt, die im Universum aufeinanderprallen. Es gibt nur Gott. Was Gott erschafft (die LIEBE), das ist wirklich, und letzten Endes existiert nichts anderes. Wir *glauben*, das Böse sei wirklich, weil wir seine *Auswirkungen* in der Welt sehen, aber das verleiht ihm im spirituellen Sinne dennoch keine Wirklichkeit. Genau deshalb möchte der *Kurs*, dass Sie sich Ihre Überzeugungen anschauen. Denn wenn Sie das Konzept der Sünde für sich allein betrachten, wenn Sie glauben, dass Sie ein „Sünder" sind und dass die Sünde den Tod verdient hat, welche Motivation hätten Sie dann, sich jemals Ihre dunkelsten Gedanken ins Bewusstsein zu rufen? Warum sollten Sie freiwillig etwas tun, von dem Sie glauben, dass Gott Sie dafür bestrafen wird? Und wenn Sie außerdem glauben, „andere" Menschen seien Sünder, *wie können Sie sie dann anders sehen als durch die Brille der überzogenen Kritik und der Angst*?

In beiden Fällen hält der Glaube an Sünde *Sie* in einem Kreislauf gefangen, in dem Sie das „Böse" in sich selbst verleugnen oder verstecken, während Sie gleichzeitig bei allen anderen Menschen aktiv danach suchen.

Nur dadurch, dass wir *hinschauen*, können wir erkennen, wie dieses Denksystem, das in Urteilen und Trennung wurzelt, sich in unserem Leben als Angriff, Unglücklichsein und Drama manifestiert und wie es auch unser Handeln am Arbeitsplatz beeinflusst. Unsere *einzige* Möglichkeit, Frieden in uns selbst und in der Welt zu finden, besteht deshalb darin, dieses Muster zu unterbrechen. Das bedeutet, dass uns bewusst werden muss, wenn wir in Angst, in Trennung und in Urteilen gefangen sind, und dass wir diese Gedanken als das benennen müssen, was sie in Wirklichkeit sind: falsche Projektionen des Egos.

Dies kann Ihnen niemand abnehmen, noch nicht einmal Gott. *Sie* selbst müssen derjenige sein, der sagt: „Dieses Denken macht mich wahnsinnig, und ich will es nicht mehr." Wenn Sie es tun, machen Sie sich bereit, denn dann können die wahren Wunder beginnen!

KURSARBEIT:
Die Übung der umherschweifenden Gedanken

Du bist viel zu nachsichtig gegenüber dem Umherschweifen von Gedanken und entschuldigst stillschweigend die Fehlschöpfungen deines Geistes.

(T-2.VI.4:6)

Es steht also außer Frage, dass wir unsere Gedanken genau beobachten müssen, um die vielen Hindernisse vor dem Frieden zu überwinden, vor denen wir alle Tag für Tag stehen. Die meisten Menschen sind es allerdings nicht gewohnt, auf ihre Gedanken zu achten, und finden sogar aktiv Möglichkeiten, um dem, was sich in ihrem Geist abspielt, *aus dem Weg zu gehen*. Wie häufig überprüfen Sie am Tag beispielsweise Ihr Handy auf neue Nachrichten? Jüngste Studien behaupten, dass wir durchschnittlich hundertfünfzigmal am Tag auf unser Handy schauen. Wenn wir acht Stunden für die Zeit abziehen, in der wir schlafen, und dann ein wenig rechnen, kommen wir also auf *neun-*

mal pro Stunde oder *häufiger als einmal in einem Zeitraum von weniger als zehn Minuten.* Wir lenken uns extrem ab, und diese Ablenkungen, gepaart mit dem Tempo unseres Lebens, hindern uns daran, auf das zu achten, was wirklich in unserem Kopf vorgeht.

Insofern *entscheiden wir uns* also für unser Nichtwissen, das allerdings kaum als Glückseligkeit bezeichnet werden kann. Die gute Nachricht lautet, dass mit zunehmendem Verständnis für die Wirkweise des Egos auch unser Verständnis dafür wächst, warum wir so handeln. Wenn es also etwas gibt, das Sie aus diesen ersten Kapiteln im Gedächtnis behalten sollten, dann dies: Wenn ein stiller Geist der Ausgangspunkt dafür ist, dass Sie zur WAHRHEIT über Ihr SELBST zurückgelangen und daran arbeiten können, Frieden zu erfahren, *dann sorgt Ihr Ego dafür, dass Ihr Geist niemals still genug ist, um diese Erfahrung zu machen.*

Aus diesem Grund mag es sich wie eine Form von Macht und Selbstschutz anfühlen, wenn wir unseren Schmerz hätscheln, indem wir unsere Ablenkungen und unsere Urteile hätscheln, obwohl es in Wirklichkeit genau das ist, was uns in der Angst gefangen hält.

Ihre heutige Aufgabe besteht also darin, Ihre umherschweifenden Gedanken genau und sehr wachsam zu beobachten. Wenn Sie auf der Arbeit beispielsweise den Drang verspüren, Ihr Handy auf neue Nachrichten zu überprüfen, halten Sie einen Moment inne und fragen Sie sich: *Warum tue ich das? Was versuche ich zu gewinnen? Was versuche ich zu vermeiden?* Sie sollten nicht versuchen, Ihre Gedanken zu beeinflussen, und sie unter keinen Umständen verurteilen. Nehmen Sie ganz einfach neugierig wahr, was geschieht, und halten Sie Ihre Erfahrungen nachstehend schriftlich fest. Welche Dinge außer Ihrem Handy lenken Sie im Laufe des Tages besonders stark ab? Inwiefern sabotieren Sie Ihre eigenen Bemühungen um spirituelle und berufliche Weiterentwicklung, indem Sie Ihren eigenen Frieden loswerden? Gibt es an Ihrem Arbeitsplatz einen Menschen, den Sie mit großer Leidenschaft hassen? Welche Geschichten erzählen Sie sich über diese Person? Wie vermeiden Sie es mit Hilfe dieser und anderer Ablenkungen, *Ihren eigenen* Wahrnehmungen und Überzeugungen auf den Grund zu gehen, wie es der *Kurs* empfiehlt? Bitte notieren Sie nachfolgend, was Ihnen zu diesen Fragen in den Sinn kommt.

WICHTIGE ZITATE

- Die Entscheidungen des Egos sind immer falsch, weil sie auf dem Irrtum beruhen, zu dessen Aufrechterhaltung sie getroffen wurden. (T-5.VI.4:2)

- Ein getrennter oder gespaltener Geist *muss* verwirrt sein. Er ist zwangsläufig darüber im Ungewissen, was er ist. Er muss in Konflikt sein, weil er nicht mehr im Einklang mit sich selber ist. (T-3.IV.3:4-6)

- Das Ego ersetzt Bedeutung stets durch Chaos, denn wenn Trennung Erlösung ist, dann ist die Harmonie eine Bedrohung. (T-11.V.13:6)

- Erkenntnis ist immer stabil, und es ist ganz offensichtlich, dass du es nicht bist. Und trotzdem bist du vollkommen stabil, so wie GOTT dich schuf. In diesem Sinne stimmst du, wenn dein Verhalten instabil ist, mit der Idee nicht überein, die GOTT von deiner Schöpfung hat. Du kannst das tun, wenn du willst, doch würdest du dies kaum tun wollen, wenn du in deinem rechtgesinnten Geist wärst. (T-3.V.3:3-6)

- Das Geheimnis der Erlösung ist nur dies: dass du dir dieses selber antust. (T-27.VIII.10:1)

TEIL ZWEI

Heuern Sie Ihr wahres SELBST

Prüfungen sind nur Lektionen, die du nicht gelernt hast
und die dir nochmals dargeboten werden, sodass du dort,
wo du vordem eine fehlerhafte Wahl getroffen hattest,
jetzt eine bessere treffen und so allem Schmerz entrinnen
kannst, den dir das brachte, was du vordem wähltest.
In jeder Schwierigkeit, in jeder Not und jeglicher
Ratlosigkeit ruft CHRISTUS dich und sagt dir sanft:
„Mein Bruder, wähle noch einmal."

(T-31.VIII.3:1–2)

Das Gegenteil des Egos in
jeder Hinsicht – was Ursprung,
Wirkung und Folgen angeht –
nennen wir ein Wunder.

(C-2.5:1)

6

WAS IST EIN WUNDER?

S ie fragen sich möglicherweise, was Glaubenssätze, in denen es um Gott, Sünde oder Trennung geht, mit Ihrer Arbeit zu tun haben. In welchem Zusammenhang stehen diese Dinge mit dem Wunsch, mehr Geld zu verdienen oder im Mitarbeitergespräch gut abzuschneiden, oder mit Ihrer Fähigkeit, Mitarbeiter zu führen? Die Antwort auf diese Frage wird deutlich, wenn Sie erkennen, dass alles, was Sie *auf* der Arbeit tun, aus der geistigen Haltung hervorgeht, die Sie *in* Ihre Arbeit hineintragen. Der *Kurs* erinnert Sie daran, wie sehr das Denken, mit dem Sie jeden Tag an Ihre Arbeit herangehen, allein durch die körperliche Sicht geprägt ist und wie hoch der Preis ist, den Sie in Form von Frieden und Freude dafür bezahlen.

Unsere Augen nehmen jeden Tag den Teil unserer Erfahrung auf, den wir sehen können. Wir sehen getrennte Körper. Wir sehen Verhaltens- und Handlungsweisen, die positiv oder negativ sein können. Wir sehen Arbeitspläne, Terminkalender und einen endlosen Strom von E-Mails. Das ist keine Überraschung. Überraschend *ist* dagegen, wie häufig wir vergessen, dass die sichtbaren Dinge *alles* sind, was unsere Augen sehen können.

Und dennoch steht außer Frage, dass noch weit mehr geschieht, was wir *nicht* sehen können.

Von der Identifikation mit dem Körper
zur Identifikation mit dem reinen Geist

Deswegen ist es gefährlich, eine Situation einzig und allein auf der Grundlage der körperlichen Sicht wahrzunehmen. Wir haben uns beigebracht zu glauben, dass unsere Augen uns das vollständige Bild der Wahrheit liefern, während sie uns in Wirklichkeit nur einen Bruchteil sehen lassen, und selbst dieser Bruchteil hängt von den Vorurteilen unseres eigenen Egos und unseren alten, konditionierten Mustern ab. Führungsstärke und Professionalität erfordern jedoch ein hohes Maß an vorurteils*freier* Gelassenheit und Präsenz. Ist es deshalb also wirklich verwunderlich, dass so viele Menschen das Ziel verfehlen?

> **Du glaubst, dass das, was deine physischen Augen**
> **nicht sehen können, nicht existiert.**
> **Das führt zu einer Verleugnung der geistigen Sicht.**
>
> (T-1.I.22:2–3)

Der *Kurs* fordert Sie wiederholt auf, Ihre körperliche Sicht um die geistige Schau zu erweitern, für die Sie über die Begrenzungen dessen hinausblicken müssen, was Ihre Augen Ihnen zeigen. Dieser Wechsel in der Wahrnehmung von der „Identifikation mit dem Körper zur Identifikation mit dem reinen Geist" (T-1.I.29:3) *ist* das Wunder, und da der reine Geist der LIEBE gleichgesetzt ist, bedeutet es, dass wir uns dafür entscheiden, mit der LIEBE wahrzunehmen.

Wenn es Ihnen widerstrebt, das Wort *Liebe* in einem geschäftlichen Kontext zu benutzen, können die Geschichte von Jo, die ich im letzten Kapitel erzählt habe, und auch die im weiteren Verlauf des Buches noch folgenden Fallbeispiele Ihnen hoffentlich einen Eindruck davon vermitteln, wie diese besondere Form der spirituellen Intelligenz in Ihrer eigenen Karriere und sogar in Krisensituationen, in denen Sie enorm großem Druck ausgesetzt sind, tatsächlich „Wunder" wirken kann. Es sind Beispiele dafür, wie die spirituelle LIEBE zur Quelle Ihrer beruflichen Macht werden kann. Dabei gilt es jedoch zu beachten, dass die LIEBE aus der Sicht des *Kurses* nicht nur *eine* Quelle der Macht ist. *Sie ist die einzige Macht, die es gibt.*

Das heißt, dass der Preis, den Sie dem *Kurs* zufolge zahlen, wenn Sie sich dafür entscheiden, die Welt aus der Perspektive des Egos zu sehen (wenn Sie sich also dafür entscheiden, andere Menschen als getrennt und in Konkurrenz zu Ihnen selbst stehend zu sehen), der vollkommene Verlust Ihrer Weisheit und Ihres Mitgefühls, das heißt, der vollkommene Verlust Ihrer Macht ist.

> **Du kannst nicht beide Welten sehen,** denn jede beinhaltet
> eine andere Art des Sehens und hängt davon ab, was dir lieb
> und teuer ist. Die eine zu sehen ist möglich, weil du
> die andere verleugnet hast.
>
> (T-13.VII.2:2–3)

Das bedeutet im Klartext, dass Sie nicht beides haben können. Sie können sich nicht für das Ego entscheiden und gleichzeitig Frieden, Mitgefühl, Weisheit oder Freude empfinden. Das Ego und die LIEBE können den Raum in Ihrem Geist ganz einfach nicht miteinander teilen. Die gute Nachricht lautet jedoch, dass das Ego in dem Augenblick verschwindet, in dem Sie sich für die LIEBE entscheiden. Der Zweck eines Wunders liegt also in nichts anderem als darin, Ihren Glauben an das vom Ego inszenierte Spiel der Projektion und der Besonderheit *aufzulösen*. Wenn dies geschieht, kann Ihre wirkliche Macht (die LIEBE, die darunter verborgen liegt) zum Vorschein kommen und sich zum Ausdruck bringen. Auch hier ist es nicht so, dass die LIEBE nicht schon da gewesen wäre. Sie konnten sie nur nicht erfahren, weil Ihr eigenes angstbasiertes Denken Sie daran gehindert hat.

Erinnern Sie sich an das, was wir in Kapitel 1 gesagt haben?

Gott *ist.*
Das *Ist* ist die LIEBE.
Die LIEBE ist *alles*, was ist.

„Gott ist" spiegelt die Vorstellung wider, dass die Präsenz der LIEBE in allen Dingen (auch in Ihnen) ist, alle Dinge (auch Sie) umgibt und danach trachtet, sich durch alle Dinge (auch durch Sie) zum Ausdruck zu bringen. Die Sache hat jedoch einen Haken: Sie müssen die Entscheidung treffen, ob Sie es zulassen wollen oder nicht. Sie müssen ja sagen. Und Sie sagen ja zur Präsenz der Liebe, indem Sie das egobehaftete Denken loslassen, das die Liebe daran hindert, offenbar zu werden.

Deshalb kann die Liebe Ihr Berufsleben erst dann verwandeln, wenn sie zuvor Sie selbst verwandelt hat. Je größer Ihre Bereitschaft ist, das Ego loszulassen, umso mehr ist Ihr Handeln von Einbeziehung und Verbindung geprägt, sodass die Zusammenarbeit mit Ihnen für andere Menschen immer attraktiver wird. Wenn Sie am Ego festhalten, handeln Sie dagegen von einem Ort des Mangels aus und verstärken damit Konkurrenz und Spaltung. Wenn Sie am Arbeitsplatz also eine Führungspersönlichkeit sein wollen und Führungsstärke als die Fähigkeit bezeichnen, das Handeln anderer Menschen zu inspirieren, dann fragen Sie sich, was inspirierender ist: die Liebe oder die Angst? Die Antwort ist naheliegend, aber viele berufstätige Menschen handeln immer noch genau entgegengesetzt. Sie wollen eine Führungspersönlichkeit sein, aber ihr egobehaftetes Denken bringt sie dazu, ihr Handeln auf Angst zu gründen und deshalb Wege zu gehen, denen niemand folgen würde, der – wie es im *Kurs* heißt – in seinem rechtgesinnten Geist ist.

Aber genau darum geht es, nicht wahr? Wir sind *nicht* in unserem rechtgesinnten Geist, was erklärt, warum unser Arbeitsplatz überhaupt von einem so hohen Maß an Toxizität erfüllt ist.

Nur die Liebe ist wirklich

Kehren wir zur Metaphysik zurück. Wenn Gott *ist*, das *Ist* die Liebe ist und wir von der Liebe nicht getrennt sind, dann kann nur die Liebe wirklich sein. Wenn das Ego also Wahrnehmungen der Angst und der Trennung widerspiegelt, aber Wahrnehmungen nicht wirklich sind, dann bedeutet das, dass *das Ego selbst nicht wirklich sein kann.* Die Widerspiegelung von nichts ist immer noch nichts.

Und wie sonst sind Illusionen aufzulösen außer dadurch,
dass man sie geradewegs anschaut, ohne sie zu schützen?
Deshalb fürchte dich nicht, denn das, was du betrachten wirst,

ist die Quelle der Angst, und du fängst an zu lernen,
dass Angst nicht wirklich ist.

(T-11.V.2:2–3)

Die *Auswirkungen* unseres egobasierten Denkens sind dagegen wirklich genug, denn wir können sie überall sehen. Sie brauchen lediglich einen Blick in eine Zeitung, in Ihr eigenes Büro oder in den Spiegel zu werfen, um die Spuren zu sehen, die Angst, Projektionen und Machtkämpfe jeden Tag in unserem Leben hinterlassen. Aber auch hier gilt wiederum, dass unser Verhalten eine Folge unserer Wahrnehmung ist. Um ein Verhalten zu verändern, müssen Sie also zuerst die Wahrnehmung verändern. *Dies* ist die Ebene, auf der das Ego nicht wirklich ist, denn Ihre Wahrnehmung ist lediglich ein Gedanke in Ihrem Geist, und der Geist ist der Ort, an dem Sie nach wie vor die Macht haben, eigene Entscheidungen zu treffen.

ABBILDUNG 2
Die Antwort auf die Frage, ob Sie diesen Apfel als grün, rot oder grau
wahrnehmen, ist ein Beweis für die Fähigkeit Ihres Geistes,
sich für bestimmte Gedanken zu entscheiden.

Um dieses Konzept zu verdeutlichen, stellen Sie sich vor, dass Sie einen grünen Apfel in der Hand halten. Nehmen Sie den Apfel in Ihrer Hand deutlich wahr. Beugen Sie vielleicht sogar die Finger ein wenig, um seine runde Form anzudeuten. Ändern Sie nun die Farbe des Apfels von grün zu rot. Sie können sich in Ihrer Vorstellung sogar dabei beobachten, wie Sie den Apfel in der Hand halten, während Ihr Geist die Farbe von rot zurück zu grün und von grün wieder zurück zu rot ändert. Die schlichte Tatsache, dass Sie dazu in der Lage sind, zeugt von der Macht Ihres Geistes, sich bewusst für das zu entscheiden, was Sie denken, und da alle Ihre Erfahrungen von der Wahrnehmung beeinflusst werden, für die Sie sich im jeweiligen Fall entschieden haben, besteht das Ziel des Wunders darin, Sie zu dieser Entscheidung zurückzubringen. Das bedeutet mit anderen Worten, dass dort, wo das Egodenken die Angst durch Projektion *aus* Ihrem Geist hinausdrängt, *das Wunder sie wieder zurückzieht, damit Sie sie auflösen können, indem Sie sich sanft dagegen entscheiden.*

Die LIEBE ist die höchstmögliche Wahrnehmung

Hier muss ich an meinen Freund Rob (nicht sein wirklicher Name) denken, der in einer Wirtschaftsprüfungsgesellschaft arbeitet und eine Assistentin hat, deren Aufgabe es ist, ihn bei Kundenangeboten zu unterstützen. Ungeachtet der Tatsache, dass diese Assistentin eigentlich eine Vollzeitkraft war, kam sie morgens mit unterschiedlichsten Begründungen andauernd zu spät und war einige Male sogar überhaupt nicht im Büro erschienen, obwohl Besprechungen angesetzt waren, an denen sie hätte teilnehmen sollen.

„Anfangs habe ich wirklich versucht, Geduld und Mitgefühl für sie aufzubringen", sagte Rob. „Ich hatte Verständnis für die Gründe, die sie für ihre Verspätung oder ihr Nichterscheinen angab, bat sie aber ausdrücklich darum, beim nächsten Mal pünktlich zu sein. Sie versprach es, kam dann aber trotzdem erst um zehn Uhr morgens lässig ins Büro spaziert, obwohl sie sich verpflichtet hatte, spätestens um halb neun da zu sein, um mich bei einem Projekt zu unterstützen."

Da seine Versuche, direkt mit ihr zu sprechen, nicht funktionierten, ging Rob zum Leiter der Personalabteilung, der ihr weisungsbefugter Vorgesetzter war, um ihn über die Situation zu informieren.

„Mir wurde versichert, dass der Leiter der Personalabteilung ein Gespräch mit ihr führen würde, aber es änderte sich nichts", berichtete Rob. „Schließlich war ich so weit, dass ich ihr überhaupt keine Aufgaben mehr übertrug, weil sie sie fast immer zu spät erledigte, was dann zur Folge hatte, dass ich sie zu spät bei meinen Kunden ablieferte. Meine Glaubwürdigkeit begann darunter zu leiden, sodass ich beschloss, einfach alles selbst zu erledigen."

Je größer der Frust über seine Assistentin wurde, umso mehr ging er ihr im Büro aus dem Weg, fing aber gleichzeitig an, die Geschäftsführung offen dafür zu kritisieren, dass sie nicht mehr unternahm, um das Problem zu lösen.

Die Grenze seiner Belastbarkeit erreichte Rob an einem Tag, an dem er sehr stark unter Druck stand, weil er zwei Angebote gleichzeitig abgeben musste. Weil er keine andere Möglichkeit sah, bat er seine Assistentin um Hilfe. Als er ihr Büro betrat, um einige Änderungen zu besprechen, sah er jedoch, wie sie schnell ein Computerspiel auf dem Bildschirm minimierte und das Angebotsdokument aufrief, als hätte sie die ganze Zeit daran gearbeitet. Rob konnte sofort fühlen, wie Verachtung in ihm hochkochte, als er sich wortlos abwandte und das Büro verließ. Den Rest des Tages und den größten Teil des Abends verbrachte er damit, seine Wut an allen auszulassen, die ihm über den Weg liefen.

Wo verbirgt sich also in dieser Situation das Wunder? Das direkte Gespräch mit der Assistentin hatte nicht funktioniert. Die Bitte an ihren Vorgesetzten, die Sache in die Hand zu nehmen, hatte nicht funktioniert. Das Gespräch mit den Partnern hatte nicht funktioniert. Selbst sein Versuch, sie sanft zu lenken, hatte nicht funktioniert. Rob hatte alle sogenannten „richtigen Kommunikationskanäle" erschöpft, und trotzdem ... passierte nichts.

Obwohl Rob kein Schüler des *Kurses* war, hatte ich mit ihm so oft über spirituelle Intelligenz gesprochen, dass er jetzt – zum ersten Mal – erkennen konnte, dass seine Verbitterung gegenüber einem anderen Menschen in Wirklichkeit ihn selbst verletzte. Solange im Büro alles reibungslos lief, war dieses Konzept wenig mehr als eine abstrakte Vorstellung gewesen, über die wir uns bei einer Tasse Kaffee unterhalten hatten. Da er jetzt tatsächlich fühlte, dass sein Urteil ihn an eine Erfahrung des Leidens band, war er bereit, mehr darüber zu lernen.

Als wir über seine Hindernisse vor dem Frieden sprachen, erklärte ich Rob, dass Groll dem *Kurs* zufolge mit einem Gefängniswärter vergleichbar ist, der ebenso wenig Freiheit hat wie der Gefangene, den er bewacht. Obwohl es den Anschein haben mag, dass der Wärter frei ist, ist er dennoch gezwungen, die Zelle des Gefangenen so lange zu bewachen, wie er glaubt, dass der Gefangene schuldig ist, damit dieser nicht ungestraft davonkommt.

**Ein Gefängniswärter ist nicht frei, denn er ist zusammen
mit seinem Gefangenen gebunden.
Er muss sicher sein, dass er nicht flieht, daher verbringt er
seine Zeit damit, Wache über ihn zu halten.**

(Ü-I.192.8:3–4)

Rob hatte bereits erkannt, dass das Urteil, das er über seine Assistentin gefällt hatte, ihn unglücklich machte, aber dieses Bild half ihm, den Grund dafür besser zu verstehen. Das eigentliche Thema war sein Gefühl, dass sie damit durchkam, weniger zu arbeiten als alle anderen. Deshalb musste er nicht nur Wache über seinen eigenen Groll halten, sondern auch sicherstellen, dass alle anderen ebenfalls davon erfuhren. Das Problem war jedoch, dass es nicht funktionierte. *Ihr* Verhalten änderte sich nicht, während *seine* zunehmenden Ausbrüche im Büro ihn immer mehr wie ein wandelndes Pulverfass erscheinen ließen.

Es gibt keine Rangordnung der Schwierigkeit bei Wundern

Nachdem er alle eigenen Ideen erschöpft hatte, war Rob zu guter Letzt offen für ein Wunder, das heißt, er war offen dafür, seine Assistentin nicht mehr aus einer rein körperlichen Sicht, sondern vom Standpunkt der geistigen Schau aus zu betrachten. Ich bat ihn zunächst, die ersten drei Sätze aus dem *Kurs* auf eine Karteikarte zu schreiben und diese Karte auf den unteren Rand seines Computermonitors zu kleben, wo er sie den ganzen Tag sehen würde. Der Text auf der Karte lautete:

**Es gibt keine Rangordnung der Schwierigkeit bei Wundern.
Eines ist nicht „schwieriger" oder „größer" als ein anderes.
Sie sind alle gleich.**

(T-1.I.1:1-3)

Immer wenn Rob die Karte ansah, wurde er daran erinnert, dass ein Wunder ein Gedanke der LIEBE ist, dass alle Gedanken im Geist entstehen und dass er deshalb die Macht besaß, sich jederzeit für Weisheit und Mitgefühl zu entscheiden. Zudem wurde er daran erinnert, dass auch der Ärger, den er empfand, nur ein Gedanke war – nicht größer als jeder beliebige andere Gedanke und nicht schwieriger zu verändern als die Entscheidung, in der eigenen Vorstellung einen grünen oder einen roten Apfel vor sich zu sehen.

Als Rob aufhörte, die Gedanken seines Egos so ernst zu nehmen, erkannte er allmählich, dass auch wenn das, *was* er sah, sich nicht veränderte, die Art und Weise, *wie* er es sah, grundlegend transformiert werden konnte.

Rob arbeitet nach wie vor mit seiner Assistentin zusammen (wenn auch so wenig wie möglich), aber ihr Verhalten berührt ihn in weit geringerem Maße, als es früher der Fall war. Statt ärgerlich zu werden, erkennt er nun schweigend das UNVERÄNDERLICHE in ihr an und konzentriert sich auf seine eigenen Projekte. So ist es ihm auch gelungen, den emotionalen Ballast aufzulösen, an dem er vorher so schwer getragen hatte. Wenn er es für angezeigt hält, bringt Rob der Geschäftsführung gegenüber seine Bedenken noch immer bereitwillig zum Ausdruck, aber er beschwert sich bei seinen Kollegen nicht mehr *über* die Geschäftsführung, weil er erkannt hat, dass dies seine Aufstiegschancen in der Firma langfristig nur schmälern kann.

Was mir an dieser Geschichte besonders gefällt, ist, dass die Tatsache, dass Rob seiner Assistentin gegenüber nicht weisungsbefugt war, ihn zwang, zur einzigen Sache zurückzukommen, die er in dieser Situation effektiv steuern konnte: zu *sich selbst*. Robs Erfahrung und zahllose andere Beispiele erinnern uns daran, dass es am Arbeitsplatz manchmal alles andere als gerecht zugeht. Manchmal würden Sie selbst die Menschen, mit denen Sie zusammenarbeiten müssen, gar nicht erst einstellen und erst recht nicht langfristig beschäftigen, und ja, wenn Sie etwas zu sagen hätten, würde alles ganz, ganz anders laufen.

Und dennoch sagt der *Kurs*, dass Wunder selbst inmitten all der Dinge möglich sind, die Sie nicht kontrollieren können, und dass tatsächlich, wenn sie *nicht* geschehen, „etwas fehlgegangen" ist. (T-1.I.6:2)

Da Frieden Ihr natürlicher Zustand ist, brauchen Sie, wenn Sie nicht in Frieden sind, also nur auf Ihr Ego zu schauen, um herauszufinden, wo Sie sich selbst im Weg stehen. Das Ego will, wie schon gesagt, Ihre Angst nach außen befördern und jemanden oder etwas dafür verantwortlich machen, während das Wunder die Angst wieder in Ihren Geist zurückholt, wo Sie sie einfach loslassen können. *Dies ist die transzendente Macht, zu der Sie unabhängig davon, in welcher Situation Sie sich befinden, jederzeit Zugang haben.* Und wenn Sie diese Macht schließlich in Form eigener Wunder erfahren, dann wird Ihnen, wie Sie im nächsten Kapitel lernen werden, irgendwann klar, dass Sie sie nicht allein erschaffen.

KURSARBEIT: Die fünfzig Grundsätze der Wunder

**Wunder entstehen aus einem Geist,
der für sie bereit ist.**

(T-1.III.7:1)

Da ein Wunder im *Kurs* als eine Verlagerung der Perspektive von der Angst zur LIEBE definiert wird, lesen Sie bitte die fünfzig Grundsätze der Wunder in Kapitel 1, Abschnitt I des *Kurses*, damit dieser Perspektivenwechsel leichter geschehen kann. Lesen Sie sie zunächst so, wie sie geschrieben stehen, und dann ein zweites Mal langsam Satz für Satz, wobei Sie diesmal das Wort „Wunder" durch „Gedanken der LIEBE" ersetzen. So heißt es beispielsweise im *Kurs* in Grundsatz 15: „Jeder Tag sollte Wundern gewidmet sein." (T-1.I.15:1) Achten Sie darauf, wie sich der Satz für Sie verändert, wenn Sie stattdessen lesen: „Jeder Tag sollte Gedanken der LIEBE gewidmet sein."

Halten Sie sich jedoch nicht allzu lange damit auf, den genauen Sinn jedes einzelnen Grundsatzes verstehen zu wollen. Überlegen Sie stattdessen, wie Sie das, was Sie bisher gelernt haben, auf Ihre Arbeit anwenden können. Beispiele hierfür sind:

- Wie können Sie wundergesinntes Denken einsetzen, um ein Umfeld zu schaffen, in dem Sie voller Stolz arbeiten?
- Inwiefern haben Sie dazu beigetragen, ein Umfeld zu schaffen, in dem Sie nicht voller Stolz arbeiten?
- Wo können Sie Ihre transzendente Macht in Situationen einbringen, die außerhalb Ihrer direkten Kontrolle liegen?

- Gibt es eine Situation, in der Sie nun erkennen, dass Sie im Egodenken gefangen sind?
- Was machen Sie anders, wenn Sie sich in der Zukunft in einer ähnlichen Situation wiederfinden?

Sie brauchen natürlich nicht alle Fragen zu beantworten, aber es wäre hilfreich, wenn Sie sich ein wenig Zeit nehmen würden, um nachfolgend zumindest all das zu notieren, was besonders hervorsticht.

_____
_____
_____
_____
_____
_____
_____
_____
_____
_____
_____
_____
_____

WICHTIGE ZITATE

- Wunder sind Gedanken. Gedanken können die niedrigere oder körperliche Erfahrungsebene darstellen oder aber die höhere oder geistige Erfahrungsebene. (T-1.I.12:1–2)

- Denn du kannst den Körper ohne Hilfe sehen, doch du verstehst nicht, wie du eine von ihm unabhängige Welt erblicken kannst. Es ist deine Welt, welche die Erlösung aufheben wird, und sie wird dich eine andere Welt erblicken lassen, die deine Augen niemals finden könnten. (T-31.VI.3:3–4)

- Berichtigendes Lernen beginnt immer mit dem Erwachen des reinen Geistes und der Abkehr vom Glauben an die körperliche Sicht. Das bringt oft Angst mit sich, weil du dich vor dem fürchtest, was deine geistige Sicht dir zeigen wird. (T-2.V.7:1–2)

- Du siehst das Fleisch – oder erkennst den reinen Geist wieder. Zwischen beiden gibt es keinen Kompromiss. Wenn eines wirklich ist, dann muss das andere falsch sein, denn das, was wirklich ist, leugnet sein Gegenteil. (T-31.VI.1:1–3)

- Deine verzerrten Wahrnehmungen erzeugen eine dichte Decke über Wunderimpulsen und erschweren es ihnen, dein eigenes Gewahrsein zu erreichen. (T-1.VII.1:1)

- Egal, an welche Lügen du auch immer glauben magst, sie sind unerheblich für das Wunder, das sie alle mit derselben Leichtigkeit heilen kann. (T-2.I.5:1)

Dies ist ein Kurs darüber,
wie du dich selbst erkennst.
Du hast gelehrt, was du bist,
aber hast dich von dem, was
du bist, nicht lehren lassen.

(T-16.III.4:1–2)

LERNEN SIE IHREN NEUEN
MENTOR KENNEN

ch weiß nicht, wer diese Meldung an die Presse weitergegeben hat", sagte der Vorsitzende der Bezirkskommission, „aber wer immer es war, wird gefeuert."

Ich war dreiundzwanzig, als ich diesen Satz auf der Titelseite unserer Lokalzeitung las, und sofort schlug mir das Herz bis zum Hals.

Er sprach von mir.

Es war keine vierundzwanzig Stunden her, seit ich zahlreiche Medienagenturen fälschlicherweise darüber informiert hatte, dass der Senator unseres Bundesstaates ein kontrovers diskutiertes Projekt genehmigt hatte, was aber nicht der Fall war. In dieser Zeit hatte ich es geschafft, den Senator, unseren Kunden und ganz offensichtlich auch die gesamte Bezirkskommission zu erzürnen. Ich brauche wohl nicht zu erwähnen, dass der Morgen sich für mich nicht besonders gut anließ.

Ich starrte immer noch ungläubig auf die Zeitung, als das Klingeln des Telefons auf meinem Schreibtisch mich zusammenschrecken ließ und ich mit sinkendem Herzen im Display den Namen von Skip, meinem damaligen Vorgesetzten, sah.

„Guten Morgen", sagte ich und versuchte, fröhlich zu klingen.

Die Antwort war kurz und bündig.

„Hast du eine Sekunde?"

Als ich zu seinem Büro ging, überlegte ich, wie viele Kartons ich wohl brauchen würde, um meinen Schreibtisch auszuräumen. Skip bat mich kurz angebunden herein und wies auf einen Stuhl, der mitten im Raum stand. Ich setzte mich und kam mir vor wie ein Kind, das vor den Schuldirektor zitiert wird. Ich vermied jeden Augenkontakt und machte mich auf das Schlimmste gefasst.

„Da bist du ja wirklich voll ins Fettnäpfchen getreten", sagte er, „aber ich stärke dir den Rücken, und gemeinsam stehen wir es durch."

Seit diesem Gespräch sind sechzehn Jahre vergangen, und ich muss immer noch lächeln, wenn ich an die Geschichte denke. Nicht nur deshalb, weil Skip ein wunderbarer Mentor war (und immer noch ist), sondern weil dies einer der ersten Momente war, in denen mir wirklich klar wurde, wie wichtig es ist, im Beruf einen guten Fürsprecher zu haben. Skip war Anteilseigner an der Agentur, in der wir arbeiteten, und das bedeutete, dass er an allen Besprechungen hinter verschlossenen Türen teilnahm, in denen meine berufliche Zukunft diskutiert wurde. Es war wichtig für mich, dass er an meiner Seite stand, und das tat er auch.

Meine Erfahrung mit Skip ist ein Beispiel dafür, dass die Menschen, die ein guter Mentor unter seine Fittiche nimmt, meist viel schneller und weiter in ihrer beruflichen Laufbahn vorankommen als diejenigen, die ihren Weg allein gehen. In diesem und, wie ich zugeben muss, noch einigen anderen Fällen hat Skip mich nicht nur vor den Folgen meiner Anfängerfehler abgeschirmt, sondern mich auch die grundlegenden Fähigkeiten dessen gelehrt, was es heißt, ein echter Profi zu sein. Meine Arbeit mit Führungskräften hat mir seither immer wieder gezeigt, dass die Frage, ob eine Karriere auf Fels oder auf Sand gebaut ist, sehr oft davon abhängt, wer in den Genuss dieser Fähigkeiten – und Beziehungen – kommt und wer nicht.

Es ist deshalb extrem wichtig, am Arbeitsplatz den richtigen Mentor zu finden, was bei vielen Berufstätigen jedoch leider nicht der Fall ist. Dafür gibt es viele Gründe, zu denen nicht zuletzt gehört, dass die Chemie stimmen muss, damit eine sinnvolle Partnerschaft entstehen kann. Da es jedoch unmöglich ist, eine Verbindung zwischen zwei Menschen vorzutäuschen, wird die Suche nach einem Mentor oft zu einem Spiel, das mehr vom Zufall als von einer Strategie geprägt ist.

Die Suche nach einem beruflichen Mentor gleicht in dieser Hinsicht der Suche nach einem spirituellen Lehrer. Schon bei einem flüchtigen Blick auf das enorm große Feld der Spiritualität wird klar, dass wir uns auf einer multimilliardenschweren Suche nach dem nächsten Kurs, dem nächsten Lehrer oder dem nächsten Tempel befinden, der uns eine Erfahrung göttlicher Verbindung verspricht. Wir bezeichnen diese Menschen als „Suchende", und glauben Sie mir, ich habe in dieser Hinsicht schon viel gesehen. Da ich regelmäßig Vorträge über beruflichen Erfolg *und* spirituelle Intelligenz halte, sind mir unzählige Menschen begegnet, die sich in beiderlei Hinsicht verlassen fühlten, und ich verstehe die Enttäuschung, die sich mit der Sehnsucht nach einem Mentor einstellt, der niemals zu kommen scheint. Der Unterschied zwischen einem beruflichen Mentor und einem spirituellen Mentor besteht jedoch darin, dass wir bei unserer spirituellen Suche etwas finden wollen, das uns bereits gehört. Aus der Sicht des *Kurses* brauchen Sie sich niemals Sorgen darüber zu machen, dass Sie keinen Mentor „finden" könnten, weil Sie ihn schon die ganze Zeit besessen haben: einen inneren Führer, der vollkommener nicht sein könnte.

Der REINE GEIST der spirituellen Intelligenz

Wenn Sie – wie es im *Kurs* wiederholt heißt – von der LIEBE nicht getrennt sind, dann bedeutet das, dass es in Ihrem Geist eine PRÄSENZ gibt, die nach wie vor mit der QUELLE allen Lebens verbunden ist. Der *Kurs* nennt diese PRÄSENZ den HEILIGEN GEIST, gibt ihr aber auch andere Namen wie INNERER LEHRER, STIMME FÜR GOTT, HELFER, DEUTER, TRÖSTER, UNIVERSALE INSPIRATION, MITTLER und JESUS. Die Definition bleibt ungeachtet der Sprache, die Sie benutzen, jedoch immer gleich: Der HEILIGE GEIST ist nicht nur Ihre „verbleibende KOMMUNIKATIONSVERBINDUNG" (C-6.3:1) zur LIEBE, sondern zugleich der Weg, der *aus* dem Denksystem des Egos hinausführt.

> **Du kannst nicht dein Führer zu Wundern sein,**
> **denn du bist es, der sie notwendig machte.**
>
> (T-14.XI.7:1)

Hier müssen wir ein wenig näher auf die Definition von *Wundern* eingehen, über die wir im vorhergehenden Kapitel gesprochen haben. Ein Wunder ist zwar tatsächlich ein „Gedanke der Liebe", dem *Kurs* zufolge jedoch ein Gedanke der Liebe, der von der QUELLE der LIEBE, die Gott ist, *zu* Ihnen kommt und letztlich *durch* Sie wirkt. Das heißt mit anderen Worten, dass Sie sich nicht selbst heilen können. Vermutlich wissen Sie das bereits, denn wenn Sie sich von der Sorge, dem Unglücklichsein und der Angst, die mit dem Denken des Egos einhergehen, befreien *könnten*, hätten Sie es gewiss schon lange getan. Dennoch sollte es eine Erleichterung sein zu wissen, dass der Frieden und die Präsenz, die Sie suchen, keine Frage der Intelligenz oder der Willenskraft, sondern eine Frage der *Bereitschaft* sind, bei den Entscheidungen, die Sie treffen, um die Hilfe einer WEISHEIT zu bitten, die größer als Ihre eigene Weisheit ist.

Wir müssen zudem unsere Definition von *spiritueller Intelligenz* erweitern, denn wie Sie sich vielleicht erinnern, habe ich in Kapitel 1 gesagt, dass spirituelle Intelligenz als *„die Fähigkeit, sich weise und mitfühlend zu verhalten und dabei ungeachtet der Situation den inneren und äußeren Frieden zu wahren"* beschrieben wird.[1] Das stimmt natürlich. Was hier gemeint ist, aber nicht gesagt wird, ist allerdings, dass „weises und mitfühlendes Handeln" (die LIEBE) eine *Auswirkung* der Tatsache ist, dass wir Zugang zu dieser INNEREN WEISHEIT erlangen. Es ist der REINE GEIST, der spirituelle Intelligenz spirituell macht, weil es anderenfalls kaum etwas gäbe, um sie von emotionaler Intelligenz oder Achtsamkeit zu unterscheiden.

Dies ist ein wichtiger Unterschied insbesondere im geschäftlichen Umfeld, in dem die Bedeutung des Wortes „Geist" so umstritten ist, dass es häufig verwässert wird und weitergefasste Begriffe wie „Zweck" und „Werte" einschließt. (Ich sollte es wissen. Ich lehre ein unternehmerisches Publikum seit vielen Jahren spirituelle Prinzipien, die ich als Werte bezeichne.) Auch wenn ich davon überzeugt bin, dass Arbeitgeber gut daran tun, den Arbeitsplatz zu einem religionsfreien Ort zu machen, ist es dennoch wichtig zu wissen, dass Sie einen *geistigen* Mentor haben, der Ihnen zu jeder Zeit und in allen Lebensbereichen zur Seite stehen kann. Bisher habe ich diesen Mentor als Ihr HÖHERES SELBST bezeichnet, aber Ihnen sollte bewusst sein, dass wir hier in Wirklichkeit über den HEILIGEN GEIST sprechen.

Das Undefinierbare definieren

Ehe wir uns näher mit dem befassen, was der HEILIGE GEIST für Ihre Karriere *tun* kann, ist es meiner Meinung nach hilfreich, ein wenig mehr darüber zu wissen, was der HEILIGE GEIST dem *Kurs* zufolge *ist*. Dieses sehr komplexe Konzept lässt sich vielleicht am einfachsten damit erklären, dass der HEILIGE GEIST uns helfen soll, das Bewusstsein für unsere geistige Gleichheit wiederzuerlangen, das wir verloren haben. Wenn das Ego ein Gedanke der Trennung ist, der zu Angst führt, dann ist der HEILIGE GEIST ein Gedanke der Verbundenheit, der uns zur LIEBE zurückbringt.

> **Die Augen der Blinden zu öffnen ist der Auftrag des HEILIGEN GEISTES, denn ER weiß, dass sie ihre Schau nicht verloren haben, sondern bloß schlafen.**
>
> (T-12.VI.4:2)

Deshalb ist es wichtig zu wissen, dass Sie, wenn Sie den HEILIGEN GEIST anrufen, dem *Kurs* zufolge nicht versuchen, etwas anzurufen, das außerhalb von Ihnen ist. Aus spiritueller Sicht gibt es „außen" ohnehin nichts, womit Sie sich verbinden könnten. Sie dringen ganz einfach in den Bereich Ihres Geistes vor, der jenseits der Begrenzungen Ihrer egobehafteten Wahrnehmungen und Ihres kleinen, getrennten Selbst die LIEBE *ist*. Deshalb „finden" Sie die LIEBE nicht, sondern bringen sie. *Wie anders sollte die Liebe einen Raum betreten, wenn nicht durch Sie?* Je mehr Sie sich also als die LIEBE erkennen, umso mehr stärken Sie den Bund mit Ihrem eigenen inneren Mentor und entwickeln die Fähigkeit, selbst zum Mentor für andere Menschen zu werden, die sich schon lange nach einem Leitbild der Gnade in der Geschäftswelt sehnen.

Wie Sie sich mit Ihrem beruflichen Mentor verbinden

Wenn Sie bislang erfolglos nach Ihrem inneren geistigen Mentor und nach einem äußeren Mentor gesucht haben, der Sie in Ihrer Karriere fördert und unterstützt, lautet die gute Nachricht, dass beide Beziehungen ihrer Form nach zwar sehr unterschiedlich sind, sich inhaltlich aber auf sehr ähnliche Weise entwickeln. Das heißt für Sie, dass Sie es langsam angehen lassen und die Beziehung im Laufe der Zeit mit einem ständigen Strom kleiner, richtiger Handlungen aufbauen sollten.

Schauen wir uns beispielsweise einmal an, wie Sie vorgehen würden, um im Beruf einen Mentor zu finden. Im ersten Schritt machen Sie höchstwahrscheinlich jemanden ausfindig, der dort war, wo Sie hinwollen, und nehmen Kontakt zu ihm auf, um eine Verbindung herzustellen. Da Sie klug sind, bitten Sie ihn nicht gleich um Gefälligkeiten, sondern bringen sich zuerst selbst ein, indem Sie beispielsweise einen Beitrag zu einem Projekt leisten, an dem er arbeitet, interessante Artikel an ihn weiterleiten oder ihm zur richtigen Zeit ehrlich gemeinte Komplimente machen.

Wenn Sie es geschafft haben, dass er sich (zumindest) an Ihren Namen erinnert, wagen Sie sich vielleicht ein wenig weiter vor, indem Sie eine einfache Frage stellen, um zu sehen, wie engagiert er Ihnen hilft, die Antwort zu finden. Nehmen wir an, dass die Reaktion positiv war, und tun so, als ob sich daraus die Möglichkeit für ein kurzes Treffen oder ein Telefonat ergeben hätte.

Die Sache hat sich hervorragend entwickelt, finden Sie nicht? Ihr bevorzugter Mentor ist bereit, mit Ihnen zu reden.

Jetzt haben Sie zwei Möglichkeiten, wie Sie den nächsten Schritt angehen wollen. Sie können das Treffen einfach als Gelegenheit sehen, sich gegenseitig kennenzulernen, und ohne einen Plan hingehen, *oder* Sie können mit der klaren Absicht hingehen, die Beziehung zu vertiefen. Vielleicht bringen Sie einen Vorschlag mit, von dem Sie glauben, dass er für die Arbeit Ihres künftigen Mentors relevant ist. Vielleicht sprechen Sie eine berufliche Herausforderung an und bitten um seinen Rat. Vielleicht tun Sie sogar beides. Worauf es hier ankommt, ist die Tatsache, dass Sie Ihre Hausaufgaben gemacht haben und dem Gespräch damit nicht nur eine gewisse Struktur geben, sondern auch zeigen, dass Sie die Kompetenz und auch den vollen Terminkalender Ihres Gesprächspartners aufrichtig respektieren.

Welche Strategie funktioniert Ihrer Meinung nach besser, wenn es darum geht, eine langfristige Beziehung aufzubauen? Es ist natürlich die geplante Herangehensweise, und trotzdem kann ich Ihnen gar nicht sagen, wie viele Menschen ohne ein Konzept in das erste Treffen mit einem potenziellen Mentor hineingehen. Es bietet sich ihnen eine große Chance, die sie in der Hoffnung auf ein positives Ergebnis angehen, und dann sind sie zutiefst enttäuscht, wenn eine Verbindung gar nicht erst zustande kommt oder sehr rasch im Sande verläuft. Genau diese Menschen erwarten häufig, dass ihr *Mentor* die Beziehung gestaltet, und sie erkennen viel zu spät, dass der Mentor üblicherweise seine Zeit und seine Kompetenz in die Beziehung einbringt, während es die Aufgabe des *Mentees* ist, die Kommunikation anzubahnen und sich um die „logistischen" Fragen zu kümmern.

Wie Sie sich mit Ihrem inneren Mentor verbinden

Die Pflege einer beruflichen Mentoring-Beziehung ist in vielerlei Hinsicht mit der Pflege der Beziehung zu Ihrem inneren Mentor vergleichbar. Sie würden beispielsweise einen beruflichen Mentor nicht ansprechen, wenn er nicht etwas erreicht hätte, das Sie sich auch für sich wünschen. Das heißt nicht, dass Sie nach einer rein transaktionalen Beziehung suchen, *ist* aber das, was eine Mentoring-Beziehung von einer Freundschaft unterscheidet. Es findet ein Geben und Nehmen statt, das mit dem gemeinsamen Ziel beruflicher Weiterentwicklung verknüpft ist.

Auch bei Ihrem inneren Mentor ist Entwicklung das Ziel, aber Sie schlagen einen vollkommen anderen Weg ein, um dieses Ziel zu erreichen. Der HEILIGE GEIST führt Sie nicht dahin, das zu bekommen, was Sie in der Welt zu etwas Besonderem erklärt haben, sondern stellt vielmehr Ihre geistige Schau wieder her und führt Sie somit dahin, die Welt zu überschreiten. So wie Sie einen Restaurantleiter nicht um einen beruflichen Rat bitten würden, wenn Sie Rechtsanwalt werden wollen, so können Sie sich auf eine Enttäuschung gefasst machen, wenn Sie Ihren inneren Mentor um Rat bitten, weil Sie äußere Dinge bekommen wollen. Das erklärt im Übrigen, warum unsere aufrichtigsten Bitten (unsere Gebete) anscheinend so oft ignoriert werden. Wir bitten um *konkrete Dinge* – „Gib mir dieses oder jenes Ding, das ich haben will" –, während der REINE GEIST geduldig darauf wartet, dass wir um die eine Sache bitten, die er uns geben kann: *ein Wunder.*

Das bedeutet, dass dem *Kurs* zufolge der HEILIGE GEIST weit mehr daran interessiert ist, Ihren Geist zu heilen, als Ihre Lebensumstände zu ändern, und nur auf der Ebene des Denkens auf Bitten antwortet. Der wesentliche Punkt ist jedoch, dass das Wunder letztendlich das IST, was Ihr Leben verändert. Da Sie sich nicht angemessen verhalten können, wenn Sie nicht richtig wahrnehmen (T-1. III.6:5), bedeutet das, dass Sie, wenn Ihre Gedanken in Übereinstimmung mit der LIEBE sind, ganz automatisch wissen, welche Handlungsweise Ihrem Wohl am besten dient.

Wie Sie Ihren spirituellen Mentor in Ihre Arbeit einbringen

Stellen Sie sich vor, welche Auswirkungen es auf Ihre Karriere hätte, wenn Sie sich mit Ihrer inneren Führung verbinden – und ihr vertrauen – würden. Es würde zunächst einmal bedeuten, dass Sie sich ungeachtet der Situation, in der Sie sich befinden, keine Sorgen mehr darüber machen müssten, was Sie „tun" sollen. Stattdessen würden Sie Ihre Aufmerksamkeit auf Ihr *Denken* richten, und je mehr Sie aus einer wundergesinnten Perspektive denken, umso mehr werden Sie feststellen, dass dies für alle Beteiligten zu besseren Ergebnissen führt.

Überlegen Sie beispielsweise, wie anders die Energie, die Sie in eine Besprechung hineintragen, abhängig davon ist, ob Sie mit der Einstellung hineingehen, dass Sie ein bestimmtes Ergebnis erzielen *müssen*, oder ob Sie mit der Absicht hineingehen, helfen und dienen zu wollen. Im ersten Szenario würden Ihre Gefühle der Angst wahrscheinlich verhindern, dass Sie Ihr Ziel erreichen. Wenn Sie sich jedoch darauf konzentrieren, nicht das Ergebnis, sondern Ihre eigene Wahrnehmung zu steuern, öffnet dies Ihren Geist nicht nur für Möglichkeiten, die Sie sonst nicht in Betracht gezogen hätten, sondern bewirkt auch, dass andere Menschen eher bereit sind, mit Ihnen zusammenzuarbeiten, *weil* sie wissen, dass Sie nicht versuchen, sie zu manipulieren. Das heißt nicht, dass Sie nicht das fordern, was Sie haben wollen. Der wesentliche Punkt besteht vielmehr darin, dass Ihnen bewusst ist, *wo Sie stehen, wenn Sie Ihre Forderung vorbringen.* Wenn das Ziel darin besteht, Ihre Perspektive mit der LIEBE in Übereinstimmung zu bringen, besteht die *Auswirkung* darin, dass Sie mit mehr Weisheit und Mitgefühl handeln. Das macht Sie – vor allem unter Druck – zu einer beeindruckenden Persönlichkeit, ohne dass Sie versuchen müssen, beeindruckend zu erscheinen.

Wenn Sie Ihre innere Führung also im Beruf – beispielsweise vor einer wichtigen Besprechung oder einem Vorstellungsgespräch – aktivieren möchten, halten Sie sich immer die große Ähnlichkeit zwischen einem beruflichen Mentor und Ihrem inneren Mentor vor Augen. *Sie* sind in beiden Situationen derjenige, der die Beziehung steuert. Am Arbeitsplatz ist es Ihre Sache, zu Ihrem Mentor zu gehen, wenn Sie Hilfe brauchen, statt darauf zu hoffen, dass er ganz von selbst weiß, wann er hereinstürmen muss, um die Rettung zu bringen. Auf der spirituellen Ebene muss Ihnen nicht nur bewusst sein, worum Sie bitten – nämlich um einen Perspektivenwechsel, der zu einem liebevolleren Verhalten führt –, sondern auch, dass Sie, um es zu bekommen, darum bitten müssen. *Punkt.*

**Der HEILIGE GEIST kann nicht zu einem Gastgeber sprechen,
der ihn nicht willkommen heißt,
weil dieser IHN nicht hören wird.**

(T-11.II.5:1)

Auf den REINEN GEIST und nicht auf das Ego hören

Nun wollen wir uns näher damit befassen, was geschieht, wenn Sie beschließen, die innere Führung anzurufen, die im *Kurs* als der HEILIGE GEIST bezeichnet wird. Ich gehe an dieser Stelle davon aus, dass Sie sich inzwischen mit der Vorstellung vertraut gemacht haben, dass wir unter den zahllosen Schichten aus Urteilen, Besonderheit und Projektionen eine von Frieden erfüllte PRÄSENZ in uns tragen, die uns „zu einem besseren Weg" hinführt. *Was jetzt?*

Auch wenn der *Kurs* eine andere Sprache benutzt, so sagt er doch aus, dass der einzige Zweck des Heiligen Geistes darin besteht, in unserem Geist als Leuchtfeuer zu strahlen, das uns zur Liebe zurückführt. Anders ausgedrückt: Da wir alle Gedanken der Angst (das Ego), Gedanken der Liebe (das Wunder) und die Fähigkeit, zwischen ihnen zu wählen, in uns tragen, dient der Heilige Geist als sanfte Erinnerung daran, dass die Liebe die einzige Wahl ist, die es uns erlaubt, Frieden zu erfahren.

> **Die Stimme des Heiligen Geistes befiehlt nicht,**
> **weil sie der Arroganz nicht fähig ist. Sie fordert nicht,**
> **weil sie keine Kontrolle sucht. Sie überwältigt nicht,**
> **weil sie nicht angreift. Sie erinnert nur.**
> **Sie ist unwiderstehlich nur um dessentwillen,**
> ***woran* sie dich erinnert. Sie ruft dir den anderen Weg in**
> **Erinnerung und bleibt sogar inmitten des Aufruhrs ruhig,**
> **den du womöglich stiftest.**

(T-5.II.7:1–6)

Die schlechte Nachricht lautet, dass wir oftmals zu sehr abgelenkt sind, zu viel gedanklichen Müll mit uns herumtragen und zu sehr in genau dem Denken gefangen sind, das verhindert, dass wir die Stimme des Heiligen Geistes hören können. Je lauter die Störgeräusche sind, die das Ego in unserem Geist erzeugt, umso weniger sind wir fähig, uns in den inneren Mentor einzufühlen, der unser einziger Ausweg ist. Verstärkt wird das Problem durch die Tatsache, dass das Ego „immer zuerst spricht" (T-6.IV.1:2). Das bedeutet, dass immer dann, wenn Sie Schritte zu einer in höherem Maße von Liebe und Verbundenheit erfüllten Perspektive gehen, *das Ego sofort auf dem Plan erscheint* und Sie glauben machen will, dass Sie allein und sowohl der Liebe als auch jeder Form von Erfolg unwürdig sind.

Wenn Sie genauer auf Ihr Ego achten, werden Sie im Laufe der Zeit außerdem feststellen, dass das Ego für gewöhnlich nicht nur der *erste*, sondern auch der *lauteste* Gedanke ist, den Sie hören. Das war zu erwarten. Was Sie aber nicht erwarten sollten, ist, dass die Stimme des Heiligen Geistes lauter wird, um mit der Stimme des Egos in Konkurrenz zu treten.

Schmerz ist nicht von IHM, denn ER kennt keinen Angriff, und SEIN Frieden umgibt dich schweigend. GOTT ist sehr still, denn in IHM ist kein Konflikt.

(T-11.III.1:5–6)

Somit kommen wir zu einer weiteren häufig gestellten Frage im Zusammenhang mit dem *Kurs*: Woran erkennen Sie, ob Sie auf die STIMME des HEILIGEN GEISTES oder auf die Stimme des Egos hören? Ich wage zu bezweifeln, dass es jemals einen Schüler des *Kurses* gegeben hat, der sich diese Frage nicht irgendwann gestellt hat. Deshalb ist also davon auszugehen, dass auch Sie irgendwann vor dieser Frage stehen werden, wenn Sie sich schließlich Ihrer inneren Führung zuwenden, damit sie Ihnen hilft, Ihre beruflichen Herausforderungen zu meistern. Es ist deshalb äußerst hilfreich, dass der *Kurs* hier eine klare Antwort gibt.

Der *Kurs* sagt, dass das Ego immer zuerst spricht und dass es Unrecht hat. Um unsere innere Führung zu vernehmen, müssen wir unseren Geist beruhigen, bereit sein, jede Investition in die Antwort loszulassen und der stillen, sanften Stimme in uns zuhören. Die Tatsache, dass unsere innere Führung niemals schrill ist, sondern in einer friedvollen, liebevollen Stimme zu uns spricht, ist ein Zeichen ihrer Authentizität, und ich glaube, dass wir alle mit Übung lernen müssen, diese Unterscheidung zu treffen.

WILLIAM THETFORD, CO-AUTOR VON *EIN KURS IN WUNDERN*

Wie William Thetford sagt, können Sie leicht erkennen, welche Stimme Sie hören, sobald Sie einmal verstanden haben, worauf Sie achten müssen, und diese Fähigkeit verstärkt sich mit zunehmender Übung. Wenn Sie einen Gedanken der Trennung, des Urteils, der Schuldzuweisung oder der Scham hören, ist es das Ego. Wenn Sie einen Gedanken der heilenden Verbindung hören, ist es der HEILIGE GEIST. Welche Stimme Sie hören, können Sie auch daran erkennen, welche Gefühle sie in Ihnen auslöst. Wenn ein Gedanke Ihnen Angst macht oder ein enges Gefühl in der Brust verursacht, können

Sie sicher sein, dass es die Stimme des Egos ist. Ein warmes und entspanntes Gefühl sagt Ihnen dagegen, dass es die Stimme des REINEN GEISTES ist. Da der HEILIGE GEIST flüstert und kein Interesse an Form hat, ist William Thetford zufolge ein übermäßig lauter oder übermäßig konkreter *Tonfall* ebenfalls ein Zeichen dafür, dass es sich um Gedanken des Egos handelt.

Vergessen Sie jedoch nicht, dass das Ego ungeachtet der Tatsache, dass es ein enorm hohes Maß an Leiden verursachen kann, und ungeachtet der Tatsache, dass es sich so *anfühlt*, als ob es von „Ihnen" ausginge, letzten Endes *nichts* ist. Das Ego ist kein eigenständiges Wesen und keine eigenständige äußere Kraft. Es ist ein Gedanke, und ein Gedanke an sich besitzt nicht mehr Macht als ein Schatten, der auf den Gehweg fällt. Einzig unsere *Investition* in Gedanken verwandelt sie in Glaubenssätze. Denken Sie deshalb daran, dass das Ego nichts ist, wovor Sie sich fürchten müssten. Es ist lediglich etwas, wovon es sich zu befreien gilt. Mithilfe Ihres inneren Mentors *können* Sie das Ego als Ihren Lehrer feuern, und wie Sie im nächsten Kapitel lernen werden, können Sie es in diesem Augenblick tun.

KURSARBEIT: Auf den HEILIGEN GEIST hören

**Wenn du die STIMME FÜR GOTT nicht hören kannst,
liegt es daran, dass du dich nicht entscheidest zuzuhören.
Dass du *sehr wohl* auf die Stimme deines Egos hörst,
wird durch deine Einstellung, deine Gefühle
und dein Verhalten aufgezeigt.**

(T-4.IV.1:1–2)

Ihre heutige Aufgabe und Übung besteht darin, auf die STIMME des HEILIGEN GEISTES zu hören. Ich wiederhole noch einmal, dass es vollkommen in Ordnung ist, wenn Sie diese Sprache lieber nicht benutzen möchten. Ersetzen Sie sie im nachfolgend beschriebenen Prozess einfach durch Begriffe wie Liebe oder innerer Führer, die für Sie eine stärkere Aussagekraft haben. Da die Übung auch gut in Form einer Meditation durchgeführt werden kann, habe ich die einzelnen Schritte in einer kurzen Anleitung zusammengefasst. Eine englischsprachige Audioversion kann auf miraclesatworkbook.com heruntergeladen werden. Sie können diese Übung an jedem Ort – auch an Ihrem Schreibtisch – durchführen. Behalten Sie die Praxis so lange bei, wie Sie sie als hilfreich empfinden.

1. Nehmen Sie zunächst eine bequeme Sitzhaltung ein, und schließen Sie die Augen. Atmen Sie dreimal tief durch die Nase ein und durch den Mund wieder aus. Verharren Sie anschließend noch einige Augenblicke in der Stille.

2. Nehmen Sie wahr, ob Sie bei der Vorstellung eines inneren spirituellen Führers einen inneren Widerstand spüren. Nehmen Sie wahr, ob dieser Widerstand sich in Form von Urteilen, Gefühlen des Zweifels oder der Ungläubigkeit, Gefühlen der Unwürdigkeit („Wer bin ich denn, dass der REINE GEIST zu mir sprechen würde?"), Ärger, Verletztheit oder anderen trennenden Gedanken äußert, die Ihre Fähigkeit beeinträchtigen, seine Stimme zu hören.

3. Legen Sie nun – immer noch mit geschlossenen Augen – beide Hände auf Ihre Brust oberhalb des Herzens und wiederholen Sie laut oder in Gedanken mindestens dreimal den folgenden (durch Lektion 254 im *Kurs* inspirierten) Satz.

Lass jede Stimme außer der STIMME DER LIEBE in mir still sein.

4. Bleiben Sie mit aufgerichteter Wirbelsäule, geschlossenen Augen und über der Brust zusammengelegten Händen noch so lange in der Stille sitzen, wie es sich richtig für Sie anfühlt. Nehmen Sie Ihren Herzschlag wahr. Während Sie auf die STIMME des HEILIGEN GEISTES hören, denken Sie daran, dass Sie nicht um eine konkrete Anweisung bitten, was Sie in diesem Moment tun sollen. Sie bitten um Führung im Hinblick darauf, *mit der* LIEBE *zu denken.*

5. Beenden Sie die Meditation langsam, indem Sie nochmals tief ein- und ausatmen und sich in den Atempausen nach dem Einatmen und nach dem Ausatmen bedanken. Wenn Sie möchten, können Sie den Vorgang noch einige Male wiederholen: einatmen – *danke* – ausatmen – *danke*. Wenn Sie bereit sind, öffnen Sie langsam die Augen.

Um die Praxis der Kommunikation mit dem HEILIGEN GEIST zu vertiefen, empfehle ich Ihnen, solange Sie es als hilfreich empfinden, morgens nach dem Aufwachen und abends vor dem Schlafengehen Lektion 221 im Übungsbuch des *Kurses* zu lesen. Wiederholen Sie zunächst mehrmals den Titel der Lektion: *Friede meinem Geist. Lass all meine Gedanken stille sein.* Lauschen Sie dann auf die STIMME des HEILIGEN GEISTES. Machen Sie sich keine Sorgen, wenn Sie zunächst nichts „hören" können. Konzentrieren Sie sich stattdessen auf das, was Sie fühlen. Wiederholen Sie diese Schritte so oft wie notwendig, bis Sie allmählich ein stärkeres Gefühl der Liebe zu sich selbst, Ihrem inneren Führer und allen Wesen entwickeln. Denken Sie daran, dass die Aufrichtigkeit, mit der Sie die Übung durchführen, viel mehr bedeutet als der Versuch, die Schritte perfekt auszuführen oder die Worte perfekt auszusprechen. Wie der *Kurs* wiederholt erklärt, können Sie darin nicht scheitern, weil der HEILIGE GEIST „deine geringste Einladung voll und ganz annehmen wird (T-5.VII.6:6). Das heißt, dass keine Bitte um eine geheilte Wahrnehmung jemals unbeantwortet bleibt.

WICHTIGE ZITATE

- Du kannst den HEILIGEN GEIST nicht sehen, aber du kannst SEINE Manifestationen sehen. Und wenn du sie nicht siehst, wirst du nicht merken, dass ER da ist. Wunder sind SEINE Zeugen und sprechen für SEINE GEGENWART. (T-12.VII.4:1-3)

- Die Wahrheit lässt sich nur erfahren. Man kann sie nicht beschreiben, und man kann sie nicht erklären. (T-8.VI.9:8–9)

- Wunder zeigen auf, dass das Lernen unter der richtigen Führung stattgefunden hat, denn Lernen ist unsichtbar, und das Gelernte ist nur an den Ergebnissen erkennbar. (T-12.VII.1:1)

- … du musst nach innen schauen, bevor du nach außen schaust. Während du nach innen schaust, wählst du den Führer für dein Sehen. Und dann schaust du nach außen und siehst seine Zeugen. Deshalb findest du, was du suchst. (T-12.VII.7:1-4)

- Das Urteilen hast du dir selbst beigebracht; die Schau wird von IHM gelernt, DER dein Lehren aufheben möchte. (T-20.VII.8:4)

- „WER geht mit mir?" Diese Frage sollte man tausendmal am Tag stellen, bis die Gewissheit dem Zweifeln ein Ende gesetzt und den Frieden begründet hat. (Ü-I.156.8:1–2)

Neigst du zu Mutlosigkeit,
wenn du daran denkst,
wie lange ein solcher
vollständiger Geisteswandel
wohl dauern mag, dann frage
dich: „Wie lange währt ein
Augenblick?"

(T-15.I.11:1)

8

DER HEILIGE AUGENBLICK

Mitchell besaß einen Blumenlieferdienst mit insgesamt fünf Standorten in zwei Bundesstaaten. Innerhalb von noch nicht einmal zehn Jahren hatte er aus einem kleinen Darlehen, das seine Eltern ihm gewährt hatten, ein Geschäft aufgebaut, das mehrere Millionen Dollar wert war, auch wenn das rasche Wachstum mit sehr hohen Kosten verbunden war und er manchmal Schwierigkeiten hatte, Löhne und Gehälter pünktlich zu zahlen.

Tammy hatte von Anfang an für Mitchell gearbeitet, und sie war auch die erste Mitarbeiterin, die er fest einstellte, als das Unternehmen die ersten Erfolge verbuchen konnte. Sie kam damals gerade frisch vom College und hatte sich als klug und verlässlich erwiesen, sodass Mitchell ihr immer mehr Verantwortung übertrug, bis sie schließlich fast das gesamte Tagesgeschäft leitete. Trotz der finanziellen Belastung hatten Mitchell und Tammy immer gut zusammengearbeitet – bis zu dem Tag, an dem die Harmonie erste Risse bekam.

Es begann eines Morgens, als Mitchell auf dem Weg zur Arbeit einen Anruf von einem alten Freund und Kunden erhielt. Nachdem sie über einen für den Nachmittag anstehenden Auftrag gesprochen hatten, erwähnte Mitchell beiläufig, dass er hoffe, sein Freund habe sich über den Geschenkgutschein gefreut, den er ihm als Dankeschön für seine langjährige Kundentreue zugesandt hatte.

„Ich weiß gerade nicht, wovon du sprichst", sagte sein Freund, „aber wenn du mir Geld geben willst, nehme ich es jederzeit gerne an."

Mitchell lachte, spürte aber gleichzeitig einen Stich der Angst. Irgendetwas stimmte nicht.

Als Mitchell im Laden ankam, fragte er Tammy nach dem Geschenkgutschein. Sie sagte, sie habe ihn in der vorigen Woche an den Kunden geschickt. Mitchell fragte nicht weiter nach, weil er Tammy wirklich glauben wollte. Einige Telefonate später war sein schlimmster Verdacht jedoch zur Gewissheit geworden.

Die Kreditkartenauszüge zeigten, dass Geschenkgutscheine im Wert von 2.000 $ gekauft worden waren, aber *keiner* der in Frage kommenden Kunden, mit denen er sprach, hatte einen Gutschein erhalten. Als er Tammy mit diesen Informationen zur Rede stellte, gab sie zu, dass sie die Karten schon seit Monaten stahl. Nach allem, was sie zusammen durchgemacht hatten, und vor allem, weil sie wusste, dass jeder Dollar zählte, war Mitchell am Boden zerstört.

Was tun Sie, wenn jemand, dem Sie vertraut haben, Sie so enttäuscht? Worin besteht die wundergesinnte Perspektive, wenn Ihr Schmerz nicht in Worte zu fassen ist und Sie die Scherben einer Beziehung zusammenfegen, die nie wieder so sein wird, wie sie einmal war?

Mitchell wollte Tammy und seinen anderen Mitarbeitern eine ganz klare Botschaft senden. Seine Art, mit der Situation umzugehen, bestand darin, sie vor versammelter Mannschaft fristlos zu entlassen. Es wird Sie sicherlich nicht überraschen, dass dies aus der Sicht des *Kurses* kaum ein Zeichen von Stärke ist.

Nachdem er Tammy entlassen hatte, wollte Mitchell die Auseinandersetzung mit ihr auch in Gedanken loslassen, und die Tatsache, dass er es nicht konnte, machte ihn nur noch wütender. Er schlief schlecht. Er war schon immer ein ungeduldiger Mensch gewesen, aber nun wurden seine Stimmungsschwankungen noch schlimmer und hielten manchmal tagelang an.

„Warum bin ich hier derjenige, der gequält wird?", fragte er. „*Sie* ist diejenige, die eine Straftat begangen hat. Sollte *sie* dann nicht auch diejenige sein, die dafür bezahlt?"

Wahnsinnige Voraussetzung =
wahnsinnige Schlussfolgerung

Wenn Ihnen durch die Handlungen eines anderen Menschen ein Unrecht zugefügt wurde, ist es unbedingt notwendig, ein Verständnis für die Hindernisse vor dem Frieden zu entwickeln, über die wir in Kapitel 4 gesprochen haben. Es ist wichtig zu erkennen, dass Sie Ihre Gelassenheit in Wahrheit nicht „verlieren", sondern sie in jedem Moment *preisgeben*, in dem Sie sich als das unschuldige Opfer des Verrats sehen, den jemand anderer an Ihnen begangen hat. Im *Kurs* heißt es dazu:

> **Ärger kann nur dann auftreten, wenn du glaubst, dass du angegriffen worden bist, dein Gegenangriff gerechtfertigt ist und du in keiner Weise dafür verantwortlich bist. Sind diese drei völlig irrationalen Voraussetzungen gegeben, muss der ebenso irrationale Schluss daraus folgen, dass ein Bruder des Angriffs und nicht der Liebe wert ist. Was kann von wahnsinnigen Voraussetzungen anderes erwartet werden als eine wahnsinnige Schlussfolgerung?**

(T-6.EINLEITUNG.1:3–5)

Wenn die Angst sich in Ihrem Geist zu Ärger verhärtet hat, ist es fast unmöglich, nicht über eine verletzende Situation nachzugrübeln, so sehr Sie es auch versuchen. Sie befinden sich in einem Zustand, in dem Sie *glauben, dass Sie angegriffen wurden*, und in der Regel bringt diese Überzeugung Sie dazu, einen Gegenangriff zu starten, auch wenn er nur in Ihrem Kopf stattfindet, während Sie gleichzeitig glauben, dass die Folgen Ihres Angriffs nicht Ihre Schuld sind. Dies ist der Kreislauf aus Angriff und Abwehr, der die „wahnsinnigen Schlussfolgerungen" – den Schmerz des Lebens – hervorbringt, bis der Schmerz irgendwann die Oberhand gewinnt und der Kreislauf wieder von neuem beginnt.

Die „wahnsinnige Voraussetzung", auf die der *Kurs* hier Bezug nimmt, besteht natürlich in der Annahme, dass Sie auf der Ebene des reinen Geistes jemals angegriffen werden könnten. Ja, der Körper ist sowohl auf einer körperlichen als auch auf einer emotionalen Ebene durch Angriff verwundbar, *aber Sie sind nicht Ihr Körper.* Das ist es, was Sie anerkennen müssen, um den Frieden und die Macht wiederzugewinnen, die es Ihnen ermöglichen, sich für die LIEBE anstelle der Angst zu entscheiden. Die Erkenntnis, dass Sie weit mehr als nur ein Körper sind, ist der erste Schritt hin zu der Erkenntnis, dass Sie, wenn Sie den HEILIGEN GEIST (welchen Namen Sie ihm auch immer geben) um ein Wunder bitten, in Wirklichkeit darum bitten, diese WAHRHEIT über sich selbst und alle anderen Menschen zu erkennen.

> **Erleuchtung ist gar keine Veränderung,**
> **sondern nur ein Wiedererkennen.**
>
> (Ü-I.188.1:4)

Wenn Sie darum bitten, von der Angst befreit zu werden, bitten Sie also nicht darum, dass eine Situation oder ein Mensch sich ändern möge. Sie bitten darum, das zu erkennen, was unveränderlich ist. Das heißt, dass Sie darum bitten, die Projektionen, die Trennung und die Besonderheit des Egos in Ihrem eigenen Geist zu durchschauen, und den Moment, in dem dies geschieht – auch wenn er noch so kurz ist –, bezeichnet der *Kurs* als einen *heiligen Augenblick.*

Was ist der heilige Augenblick?

Um zu verstehen, was der heilige Augenblick ist, müssen Sie zuerst verstehen, was Sie selbst sind. Damit lautet die alles entscheidende Frage an der Wegkreuzung Ihrer Reise durch den *Kurs:* Glauben Sie, dass Sie eine „vollkommen ganze" (T-7.IV.1:4) Ausdehnung der LIEBE sind, ewig eins mit ALLEM, was ist, oder glauben Sie, dass Sie ein Körper sind, getrennt und durch den Angriff anderer Körper verwundbar? Wenn Sie glauben, dass die LIEBE vollkommen ist und in Ihnen existiert, dann *muss* sie aus der Perspektive des *Kurses* betrachtet gleichermaßen vollkommen auch in jedem anderen Menschen existieren, da sie anderenfalls in Ihnen *nicht* existieren *könnte.* Vollkommen in *einem* bedeutet, wie wir bereits im ersten Kapitel festgestellt haben, vollkommen in *allen.*

**Aber vergiss nicht, dass mein Glaube an alle deine Brüder
ebenso vollkommen sein muss wie mein Glaube an dich,
sonst wäre er eine begrenzte Gabe an dich.**

(T-15.VI.2:4)

Der heilige Augenblick ist nicht mehr – und nicht weniger – als die Erkenntnis, dass dies wahr ist. Er ist ein Moment, der in der Zeit und zugleich außerhalb der Zeit geschieht, weil Sie Ihre Wahrnehmung nicht durch das filtern, was in der Vergangenheit geschehen ist oder was Sie von der Zukunft erwarten. Sie benutzen Ihre geistige Schau, um mit der Hilfe des HEILIGEN GEISTES vielmehr die Vollkommenheit in ALLEM zu sehen, was jetzt – *in diesem Augenblick* – gegenwärtig ist.

Die Gegenwart kennt keine Vergangenheit

Ihre Gefühle und Ihr Handeln werden von der Bedeutung gesteuert, die Sie einer Erfahrung beimessen. *Wo rührt diese Bedeutung Ihrer Meinung nach her?* Wenn das Ego das Sagen hat, können Sie darauf wetten, dass sie größtenteils in der Vergangenheit verwurzelt ist.

Deshalb regt Mitchell sich *immer noch* auf, sobald Tammy erwähnt wird, obwohl die Geschichte bereits viele Jahre her ist. Hier sind die klassischen Muster des Egos am Werk, die in Besonderheit, Projektion und „SELBSTsabotage" bestehen. Dadurch, dass er Tammy wegen ihres Verhaltens in der Vergangenheit isoliert und sie dann zum Ziel seines „besonderen Hasses" in der Gegenwart gemacht hat, stellt Mitchell sicher, dass sich daran auch in der Zukunft nichts ändern wird. Er wird sich weiterhin aufregen, die vielen bedauerlichen Nebenwirkungen ertragen müssen, die damit einhergehen, dass er sich dafür entschieden hat, seine negative Energie am Leben zu erhalten, und nicht wissen, dass sein eigenes Denken die Ursache ist.

Der heilige Augenblick ist das Eingeständnis, dass das nicht funktioniert.

**Sobald dein Frieden bedroht oder in irgendeiner Form gestört
ist, sage dir: Ich weiß nicht, was irgendetwas,
dies hier eingeschlossen, bedeutet.**

**Und daher weiß ich nicht, wie ich darauf reagieren soll.
Ich will mein eigenes vergangenes Lernen nicht als
das Licht benutzen, das mich jetzt führen soll.**

(T-14.XI.6:6-9)

Wenn der *Kurs* sagt, dass Sie „vergangenes Lernen" nicht als Führer benutzen sollen, dann warnt er Sie davor, *das Ego* als Führer zu benutzen. Und dennoch ist allein die Tatsache, dass Ihr „Frieden bedroht" ist, ein Zeichen dafür, dass Sie sich *bereits* im Territorium des Egos befinden, weil Sie wie Mitchell sehr wahrscheinlich etwas aus der Vergangenheit in die Gegenwart mitgebracht und ihm die Macht gegeben haben, Sie hier und jetzt zu verletzen.

Wenn Sie sagen, dass Sie nicht wissen, *„was irgendetwas, dies hier einge-schlossen, bedeutet"*, entscheiden Sie sich deshalb dafür, sich in der Situation nicht länger auf Ihr eigenes Urteil zu verlassen, und das macht Sie offen da-für, Führung zu empfangen. Die Bedeutung dieses Schritts kann gar nicht genug hervorgehoben werden, denn wenn Sie um einen heiligen Augenblick bitten – und das müssen Sie dem *Kurs* zufolge tun, damit er Ihnen zuteilwer-den kann –, *können Sie die Antwort nicht hören, wenn Sie glauben, bereits zu wissen, worin sie besteht.* Dieser eine Akt, mit dem Sie akzeptieren, dass Sie nicht wissen, was in einer Situation das Beste ist, statt starrsinnig darauf zu beharren, dass Sie es tun, reicht aus, um in Ihrem Geist eine winzig kleine Öffnung zu erzeugen. Und dennoch ist dieser Raum alles, was Sie benötigen, um sich für einen neuen Lehrer zu entscheiden.

Was geschieht in einem heiligen Augenblick?

Nehmen wir einmal an, dass jemand, mit dem Sie zusammenarbeiten, Sie im Stich gelassen hat. Sie haben um ein Wunder gebeten, also darum, dass Ihnen eine gereinigte Perspektive in Form eines heiligen Augenblicks zuteil-werden möge, und nun sitzen Sie an Ihrem Schreibtisch, und eine einzige Frage kreist in Ihrem Kopf.

Was geschieht als Nächstes?

Wenn Sie eine sofortige Erkenntnis erwarten, die alle Wolken teilt, werden Sie vermutlich enttäuscht werden. Ich will nicht behaupten, dass es nicht passieren kann, aber bisher haben weder ich selbst noch meine Kursteilnehmer diese Erfahrung jemals gemacht. Wenn Sie um einen heiligen Augenblick gebeten haben, geschieht in der Regel ... nichts. Sie arbeiten wie gewohnt weiter. Der einzige Unterschied besteht darin, dass Sie der Situation nicht Ihren Willen aufzwingen, indem Sie sorgenvoll über der Zukunft brüten oder immer wieder unterschiedliche „Was-wäre-wenn"-Szenarien in Ihrem Kopf durchspielen. *Sie sind ganz einfach offen für das Mysterium.* Sie haben ein Gebet ans Universum gesandt, und wie rasch – ob nach einer Minute, einer Stunde, einem Tag oder erst nach Wochen – Sie eine Antwort auf dieses Gebet erhalten, hängt davon ab, ob und in welchem Maße Sie bereit sind, sich selbst nicht im Weg zu stehen. Allgemein kann man sagen, dass ein heiliger Augenblick dann eingetreten ist, wenn drei Dinge in den Mittelpunkt rücken. Sie erkennen erstens, dass die Ursache Ihres Leidens nicht die betreffende Person oder ihr Verhalten, sondern Ihr eigenes Egodenken ist, zweitens, dass das Ego lediglich ein Mangel an Liebe ist, und drittens, dass das Heilmittel immer in Vergebung besteht.[1]

Da wir über die ersten beiden Punkte bereits gesprochen haben, ist es an der Zeit, uns mit *dem* Eckpfeiler des *Kurses* zu befassen, nämlich seiner radikalen Umdeutung des Themas der Vergebung.

Was ist Vergebung im *Kurs*?

Was kommt Ihnen zuerst in den Sinn, wenn Sie das Wort *Vergebung* hören? Für viele Menschen ist Vergebung eine gnädige Geste, die jemand einem anderen erweist, der ihn beleidigt oder beschimpft hat. Dies ist die weltliche Definition von Vergebung, dem *Kurs* zufolge tatsächlich jedoch eine weitere Form von Trennung (das heißt, eine weitere Möglichkeit, uns als „mehr als" oder „weniger als" einzustufen), was sie zu einer weiteren vom Ego gesteuerten Angriffsform macht. Schon allein die Vorstellung, einem anderen Menschen nur deshalb zu vergeben, weil Sie versuchen, „gütig" zu sein, oder bereit sind, ihn „ungeschoren" davonkommen zu lassen, ist das, was der *Kurs* wenig nett als *Vergebung-zum-Zerstören* bezeichnet.

... finden sich zuerst einmal die Formen, in denen ein „besserer" Mensch geruht, sich dazu herabzulassen, einen „geringeren" von dem zu erlösen, was er in Wahrheit ist. Die Vergebung beruht hier auf einer Haltung gnädiger Hoheit, die derart weit entfernt ist von der Liebe, dass die Arroganz sich nie vertreiben ließe. Wer kann vergeben und dennoch verachten?

(L-2.II.2:1–3)

Achten Sie ganz genau auf die Sprache, die der *Kurs* hier verwendet. Die „gnädige Hoheit", die notwendig ist, um „sich herabzulassen" und einen anderen Menschen von dem zu „erlösen", „was er in Wahrheit ist", ist „Arroganz", die so gut maskiert ist, dass sie als „Liebe" wahrgenommen wird. Wahre Vergebung besteht dem *Kurs* zufolge also *nicht* darin, einen anderen Menschen als „im Unrecht" zu sehen, ihm aber dennoch zu „vergeben" (womit Sie unterstellen, dass Sie „im Recht" und deswegen „besser" sind), sondern vielmehr in dem Wissen, dass die heilige Essenz dessen, wer er ist, *immer* im Recht ist.

Dies ist natürlich vor allem dann schwierig, wenn Sie wirklich das Gefühl haben, von einem anderen Menschen verletzt oder verraten worden zu sein – *und genau aus diesem Grund brauchen Sie Hilfe.* Das kleine Selbst kann diese Form der Vergebung nicht aus eigener Kraft erreichen, und es kann dies vor allem deshalb nicht, weil es das Ego *ist* und weil das Ego den Konflikt braucht, um zu überleben. Wenn Sie um ein Wunder bitten, dann bitten Sie in Wirklichkeit also um die geistige Schau, die notwendig ist, um nicht nur das Verhalten eines Menschen zu vergeben, sondern jedes Urteil vollkommen beiseitezulassen.

In diesem Sinne ist Vergebung weniger eine nette Geste, mit der Sie sich selbst und allen anderen Menschen beweisen wollen, wie gnädig Sie sind, sondern vielmehr eine Voraussetzung dafür, *Ihr eigenes* Glück und *Ihre eigene* Macht zu bewahren. Das heißt mit anderen Worten, dass Sie nicht wirklich glücklich oder gelassen sein können, wenn Sie nicht in Frieden sind, und dass Sie nur dann in Frieden sein können, wenn Sie vergeben.

Stellen Sie sich einen Kreis vor, in dessen Zentrum sich das HÖHERE SELBST bzw. der HEILIGE GEIST befindet und der von den Gedanken des

Egos umgeben ist. Je mehr Sie sich auf den Dreh- und Angelpunkt im Zentrum konzentrieren, umso stärker denken Sie in Übereinstimmung mit der LIEBE, und das sorgt dafür, dass Ihr Verhalten von Weisheit und Mitgefühl geprägt ist. Je mehr Sie Ihren Gedanken dagegen erlauben, zum äußeren Rand zu wandern, umso weniger denken Sie in Übereinstimmung mit der LIEBE, was zu weniger Verbindung und größerer Angst führt. *Was macht Sie Ihrer Meinung nach am Arbeitsplatz effektiver?*

ABBILDUNG 3
Das höhere Selbst bzw. der Heilige Geist inmitten
einer Auswahl der äußeren Zeichen des Egos

Kehren wir noch einmal zu Mitchell zurück. Was hätte sich an seinem Verhalten geändert, wenn er sich die Zeit genommen hätte, um ein Wunder zu bitten, und sich entschieden hätte, Tammy als ihr HÖCHSTES SELBST zu sehen, bevor er ihr gegenübertrat? Ja, er hätte sie trotzdem entlassen müssen, und ja, er hätte sie auch verklagen können, aber stellen Sie sich vor, um wie viel besser die Dinge hätten ablaufen können, wenn er die Situation nicht angegangen wäre, während er sich völlig an den äußeren Rand seines Egos verirrt hatte. Stellen Sie sich vor, wie es gewesen wäre, wenn er sich stattdessen die Zeit genommen und sich gesagt hätte: *„Ich weiß nicht, was irgendetwas, dies hier eingeschlossen, bedeutet."* Wenn er der LIEBE Raum gegeben hätte, anstatt zu glauben, dass sein Zorn seine „Stärke" sei, und diesem Zorn zu erlauben, sein ganzes Wesen zu verzehren.

Mitchell glaubte, dass spirituelle Intelligenz und insbesondere die Vorstellung von Vergebung ihn hätten „schwach" erscheinen lassen, und dennoch zeigt die Geschichte ganz deutlich, dass das Egodenken die wirkliche Schwäche ist. Im *Kurs* ist der Akt der Vergebung keine Form von Selbstgefälligkeit und auch kein Zugeständnis. Die Bitte um ein Wunder durch einen heiligen Augenblick bedeutet nicht, dass Sie nicht handeln, wenn es notwendig ist. Es bedeutet nur, dass, *wenn* Sie handeln, dies von einem Ort aus geschieht, an dem Sie anerkennen, dass der andere auf der tiefsten Ebene eins mit Ihnen ist. Dazu brauchen Sie ihn weder zu hätscheln noch alle Grenzen fallenzulassen. Es ist nicht einmal notwendig, dass Sie den betreffenden Menschen *sehen*, um Ihren Ärger und Ihr Urteil *über* ihn umzukehren. Diese Umkehr müssen Sie jedoch um Ihrer selbst willen vollziehen. Deshalb geht es bei der Vergebung nicht darum, die Tatsache zu leugnen, dass Sie eine sehr schmerzhafte Erfahrung gemacht haben. Es geht darum, dass Sie der Situation die Macht absprechen, Ihre Entscheidung im Hinblick darauf zu beeinflussen, wie Sie sich und andere Menschen führen. *Das macht Sie mitnichten zu einem Fußabtreter, auf dem man beliebig herumtrampeln kann,* sondern wird vielmehr zu einer Quelle der Kraft, weil es Sie von der Zwanghaftigkeit trennt, die eine Situation langfristig meist nur verschlimmert.

Die eigene Macht zurückgewinnen

Es ist sehr leicht, sich in die Überzeugung zu verstricken, dass Ihre Probleme nur dann gelöst sind, wenn das von Ihnen gewünschte Ergebnis erzielt wird. „*Wenn* er oder sie fort ist, *dann* werde ich glücklich sein." Dieses Denken sorgt aber nur dafür, dass Ihre Macht auch weiterhin Ihrer direkten Kontrolle entzogen bleibt. Die *wahre* Macht rührt von dem Wissen her, dass keine bestimmten äußeren Bedingungen erfüllt sein müssen, damit Sie sich von Ihrer besten Seite zeigen können. Wenn Sie glauben, es brauche ein Wunder, um diese Haltung beständig zu praktizieren, haben Sie völlig Recht. Der ganze Sinn des *Kurses* besteht darin, dass es *tatsächlich* ein Wunder braucht, und der heilige Augenblick geschieht, wenn Sie um ein Wunder bitten.

Im letzten Kapitel habe ich gesagt, dass es tröstend ist, sich ein Wunder als den Augenblick vorzustellen, in dem der HEILIGE GEIST herabgeschwebt kommt, um alle Ihre Probleme zu lösen. Dennoch ist es wichtig, daran zu denken, dass der HEILIGE GEIST kein Dschinn ist. Sie erhalten eine Antwort auf Ihre Bitte, egoistische Gedanken des Urteils, des Angriffs und der Trennung durch Gedanken der LIEBE zu ersetzen. Die Bitte lautet somit nicht: *„Bitte sorge dafür, dass ich nie wieder so wütend werde."* Sie lautet: *„Bitte hilf mir, meine wütenden Gedanken neu zu ordnen, damit ich fähig bin, diesen Menschen anders zu sehen."* Das ist ein feiner, aber wichtiger Unterschied, weil das Ziel nicht darin besteht, alle Egogedanken der Trennung und des Urteils vollkommen zu beseitigen. Dies ist gewiss ein nobles Ziel, das für unsere Zwecke jedoch wenig hilfreich wäre. Das Ziel besteht hier vielmehr darin, keine Egogedanken zu haben, „die du behalten möchtest." (T-15. IV.9:2) Die Tatsache, dass Sie am Egodenken festhalten, erkennen Sie wie immer daran, dass Sie Ihren inneren Frieden verlieren.

• • •

Wenn Sie also am äußeren Rand Ihrer egoistischen Denkmuster gefangen sind, überträgt sich dies irgendwann auf Ihr Verhalten und wirkt sich naturgemäß auch auf Ihre Ergebnisse aus. Wenn Sie bessere *Ergebnisse* erzielen wollen, müssen Sie deshalb die Spur bis zu ihrer Quelle (Ihren Gedanken) zurückverfolgen und um ein Wunder (eine Veränderung Ihrer Perspektive) bitten, welches Sie zur Vergebung befähigt (der heilige Augenblick). Im *Kurs* ist der HEILIGE GEIST bei diesem Prozess Ihr HELFER, aber Sie sollten sich keiner Täuschung hingeben: Sie heben einen großen Teil der schweren Gewichte, indem Sie wahrnehmen, dass Sie in die Angst abrutschen, um Hilfe bitten und offen für die Führung sind, die Sie empfangen.

Das wird Ihnen natürlich oft genug nicht gelingen. Es wird Zeiten geben, in denen Sie die E-Mail abschicken, die Sie nie hätten schicken sollen, die Worte sagen, die Sie nie hätten sagen sollen, und sich auf eine Art und Weise verhalten, die Sie sich selbst kaum vergeben können. In diesen Situationen drehen sich Ihre Gedanken nicht mehr um das, was der andere getan hat, sondern nur darum, wie *Sie* darauf reagiert haben ... und diese Schuld wiegt schwer. Es ist eindeutig an der Zeit, eine neue Entscheidung zu treffen.

Der *Kurs* bezeichnet die Praxis der Aufhebung egobasierter Entscheidungen, die Sie getroffen haben, als *Sühne*. Die Sühne fordert Sie vor allem anderen dazu auf, über Ihr eigenes Denken zu reflektieren und es „an den Punkt zurückzubringen, an dem der Irrtum begangen wurde." (T-5.VII.6:5) Da ein „Irrtum" im *Kurs* einem Mangel an LIEBE gleichgesetzt ist, bedeutet das, dass Sie aufgefordert sind, Ihren Geist zu dem Moment zurückzuführen, in dem Sie dem Ego gestattet haben, das Steuer zu übernehmen. Das heißt mit anderen Worten, dass Sie zu dem Moment zurückkehren müssen, in dem Sie sich zwischen der LIEBE und der Angst entscheiden mussten ... und sich für die Angst entschieden haben.

Der *Kurs* schlägt vor, dass Sie für diesen Irrtum „sühnen", indem Sie ihn mit dem folgenden Gebet der Sühne übergeben:

> **Ich muss mich falsch entschieden haben, weil ich nicht
> in Frieden bin. Ich habe die Entscheidung selbst getroffen,
> kann mich aber auch anders entscheiden. Ich will mich anders
> entscheiden, weil ich in Frieden sein will.
> Ich fühle mich nicht schuldig, weil der HEILIGE GEIST alle Folgen
> meiner Fehlentscheidungen aufheben wird, wenn ich IHN
> nur lasse. Ich beschließe, IHN das tun zu lassen,
> indem ich IHM gestatte, für mich die Entscheidung
> für GOTT zu treffen.**
>
> (T-5.VII.6:7–11)

Je mehr Sie sich darin üben, sich selbst und anderen Menschen durch den Prozess des heiligen Augenblicks und der Sühne zu vergeben, umso mehr stellen Sie fest, dass die Last der Schuld und der Scham sich hebt und alles mitnimmt, was zwischen Ihnen und Ihrer geheilten Wahrnehmung steht. Wenn der Geist also von allem Schutt des Egos geräumt wird, erlangen Sie die Bereitschaft, Ihren wahren Sinn und Zweck sowohl im Beruf als auch in der Welt auszufüllen. Darüber wollen wir im nachfolgenden Kapitel sprechen.

KURSARBEIT: Die Gewohnheit der Vergebung

**Möchtest du eine Stille, die nicht gestört, eine Sanftheit,
die nie verletzt, ein tiefes, dauerhaftes Wohlbefinden
und eine so vollkommene Ruhe,
dass sie niemals erschüttert werden kann?
All das und mehr schenkt die Vergebung dir.**

(Ü-I.122.1:6 / Ü-I.122.2:1)

Die Überschrift von Lektion 122 im Übungsbuch des *Kurses* lautet: „Vergebung bietet alles, was ich will." Wir wollen diese Behauptung in der heutigen
Übung auf den Prüfstand stellen, indem wir sie zu einer täglichen Gewohn-
heit machen. Für diese Übung brauchen Sie weder Stift noch Papier, und sie
sollte jeweils maximal drei bis fünf Minuten dauern. Im ersten Schritt brauchen Sie sich abends vor dem Schlafengehen lediglich zwei Fragen zu stellen:
„Wem habe ich nicht vergeben?" und *„Was muss ich loslassen?"*

Wenn die Gedanken an bestimmte Personen und Situationen in Ihrem
Geist hochkommen, denken Sie daran, dass es bei der Vergebung im *Kurs*
nicht darum geht, über Probleme hinwegzusehen, auf die eingegangen werden muss. Es geht darum, Ihre Wahrnehmung zu berichtigen, damit Sie fähig
sind, das VOLLKOMMENE in allen und allem zu sehen, auch wenn es sich in
Handlungsweisen offenbart, die häufig unvollkommen sind.

**Schau auf deinen Bruder mit dieser Hoffnung
in dir, dann wirst du verstehen, dass er keinen
Fehler machen konnte, der die Wahrheit in ihm
hätte ändern können.**

(T-30.VI.10:1)

Wenn Sie sich den obigen Satz einmal genau anschauen, dann erkennen Sie,
dass das „Verstehen" auf die „Hoffnung" folgt. Dies ist eine wichtige Erkenntnis, denn es bedeutet, dass *die Schau Ihnen gegeben wird*, wenn Sie diese
Übung mit der Bereitschaft angehen, die Wahrheit zu sehen. Wenn Sie sich
also die Zeit nehmen, sich diese Fragen am Ende des Tages in einer „kleinen

Sühnesitzung" zu stellen, dann verstehen Sie möglicherweise nicht, *wie* echte Vergebung geschieht, aber Sie werden sie erkennen, wenn Sie sie fühlen. Und das reicht aus, um zu erkennen, dass die LIEBE WIRKLICH ist.

WICHTIGE ZITATE

- Der heilige Augenblick ist die nützlichste Lerneinrichtung des HEILIGEN GEISTES, um dich die Bedeutung der Liebe zu lehren. Denn sein Zweck ist, das Urteilen völlig einzustellen. (T-15.V.1:1–2)

- Wenn du das Gefühl hast, dass die Heiligkeit deiner Beziehung durch irgendetwas bedroht ist, dann halte augenblicklich inne und biete trotz der Angst dem HEILIGEN GEIST deine Bereitwilligkeit an, dass ER diesen Augenblick gegen den heiligen eintauschen möge, den du stattdessen haben möchtest. Das wird ER nie unterlassen. (T-18.V.6:1–2)

- Wenn du dich an die Vergangenheit erinnerst, während du auf deinen Bruder schaust, wirst du unfähig sein, die Wirklichkeit, die jetzt ist, wahrzunehmen. (T-13.VI.1:7)

- Im heiligen Augenblick geschieht nichts, was nicht immer war. Nur wird der Schleier, der vor die Wirklichkeit gezogen war, gelüftet. Nichts hat sich geändert. (T-15.VI.6:1–3)

- Du, der du Frieden willst, kannst ihn nur durch vollständige Vergebung finden. (T-1.VI.1:1)

- Es gibt keine falsche Erscheinung, die nicht verblassen wird, wenn du stattdessen um ein Wunder bittest. (T-30.VIII.6:5)

Als Ausdruck dessen, was du wahrhaft bist, versetzt das Wunder den Geist in einen Zustand der Gnade. Dann heißt der Geist den GASTGEBER innen und den Fremden außen ganz natürlich willkommen. Wenn du den Fremden hereinnimmst, wird er dein Bruder.

(T-1.III.7:4–6)

9

IHRE PRIMÄRE FUNKTION

Vielleicht haben Sie inzwischen bemerkt, dass der *Kurs* recht kühne Behauptungen über das Wesen der Wirklichkeit aufstellt. Immerhin fordert er Sie zu dem Glauben auf, dass die Definition von Gott die allumfassende Präsenz der LIEBE ist, dass Leiden daraus entsteht, dass Sie Ihre Verbindung zu dieser LIEBE vergessen haben, und dass Heilung durch einen Wechsel der Perspektive geschieht, die der HEILIGE GEIST Ihnen auf Ihre Bitte hin gewährt.

Das sind natürlich viele neue Konzepte, die es aufzunehmen und zu verinnerlichen gilt. Deshalb wollen wir die theologische Lehre des *Kurses* einmal einen Moment lang beiseitelassen und über eine ganz praktische Karrierefrage nachdenken: *Welche Art von Führungspersönlichkeit möchten Sie sein?* Wenn Sie dieses Buch lesen, kann man wohl mit Sicherheit davon ausgehen, dass Sie mehr wollen, als nur Ihr Pflichtprogramm am Arbeitsplatz zu absolvieren. Ihr Ziel ist also vermutlich der berufliche Aufstieg, aber um ihn zu verwirklichen, werden Sie irgendwann eine größere Führungsrolle übernehmen müssen.

Das bringt uns zu der Diskussion darüber zurück, welche Verhaltensweisen *es wert sind, dass wir sie beibehalten*, und zu der Frage, ob es mit dem Ziel, Einfluss zu gewinnen, vereinbar ist, dass wir uns durch die Gedanken und die Gefühle unseres Egos manipulieren lassen. Wir kennen die Antwort auf diese Frage, aber wenn es um die tiefe Präsenz geht, die notwendig ist, um andere Menschen zu inspirieren und zu motivieren, scheint es dennoch so, dass selbst die besten Absichten oftmals der Vielzahl der Reize zum Opfer fallen, mit denen wir im Laufe eines ganz normalen Arbeitstages konfrontiert werden:

- Zwischenmenschliche Probleme
- Fristen und Leistungsdruck
- Verantwortungslose Kollegen
- Das Gefühl der Machtlosigkeit, wenn es darum geht, Veränderungen zu bewirken
- Das Gefühl, nicht respektiert zu werden
- Das Gefühl, ignoriert zu werden
- Das Gefühl, überfordert zu sein
- Verlust des Arbeitsplatzes
- Rollenverwechslung
- Bewertungen
- Persönliche oder gesundheitliche Probleme, die Ihre Leistungsfähigkeit beeinträchtigen
- Ethische Dilemmas
- Organisatorische Umstrukturierung

Auf einer ganz grundlegenden Ebene verkörpert jeder dieser Reize – ebenso wie jeder der zahllosen anderen Reize, denen Sie am Arbeitsplatz tagtäglich ausgesetzt sind – eine Gelegenheit, sich zu entscheiden, wie Sie ihn wahrnehmen und darauf reagieren wollen. Der *Kurs* bezeichnet dies als eine Entscheidung zwischen „Kleinheit und Größe" (T-15.III). Im Text heißt es:

> **Jede Entscheidung, die du triffst, entstammt dem,**
> **wovon du denkst, du seist es, und stellt den Wert dar, den**
> **du dir selbst beimisst. Glaube, dass das Kleine dich zufrieden**
> **stellen kann, und du wirst nicht befriedigt sein, weil du dich**
> **selbst begrenzt.**
>
> (T-15.III.3:3–4)

Führen Sie sich nur einmal einen Moment lang vor Augen, was diese Aussage bedeutet: *„Jede Entscheidung, die du triffst, entstammt dem, wovon du denkst, du seist es."*

Aus der Sicht des *Kurses* geht es hier immer um die Entscheidung zwischen der „Kleinheit" (dem Ego) und der „Größe" (der Liebe), und ich habe bislang versucht, seine Argumente dafür nachzuzeichnen, warum jede Form von Unzufriedenheit im Beruf und alle beruflichen Rückschläge direkt mit unserer Entscheidung für die Kleinheit verknüpft sind.

Deshalb ist das Prinzip der Sühne, das ich im letzten Kapitel vorgestellt habe, für die Praxis des *Kurses* von so entscheidender Bedeutung. Die Sühne steht konkret für den Moment, in dem Sie die Möglichkeit haben, *noch einmal neu zu wählen.* Die Sühne ist gleichbedeutend mit dem Moment, in dem Sie sich ungeachtet der Situation, in der Sie sich befinden, an Ihre GRÖSSE erinnern, und aus dieser wundergesinnten Perspektive geht echte Führungsstärke hervor. Tatsächlich ist das Handeln, das der Erkenntnis Ihres wahren SELBST entspringt, der höchste Gipfel – und die höchste Belohnung – spiritueller Intelligenz.

Trotzdem sehen wir unser Leben für gewöhnlich nicht aus einer wundergesinnten Perspektive. Das Gegenteil ist der Fall. Wir prüfen unsere Situation erst und bestimmen *dann* unsere Führungsfähigkeit danach, ob wir glauben, vor einem „großen" oder vor einem „kleinen" Problem zu stehen. *Aber vor welchem Problem könnten Sie stehen, das größer ist als die GRÖSSE, die in Ihnen lebendig ist?*

Statt die Welt also durch den Filter Ihrer Herausforderungen zu sehen und darauf zu hoffen, die GRÖSSE in ihrer Mitte zu finden, fordert der *Kurs* Sie auf, die Welt durch Ihre GRÖSSE zu sehen, denn das gibt Ihnen die Möglichkeit, jeder Ungewissheit im Leben mit der Gewissheit des REINEN GEISTES zu begegnen.

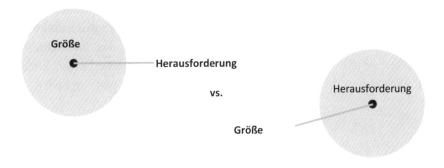

ABBILDUNG 4
Was sehen Sie zuerst, wenn Sie vor einer Herausforderung stehen:
die Tiefe des Problems oder die Tiefe Ihrer Grösse?

Dann wird die spirituelle Intelligenz zu weit mehr als nur zu einem Werkzeug, das Ihre persönliche Entwicklung fördern soll. Sie wird vielmehr zu einem Werkzeug, das Ihr gesamtes Leben grundlegend verändert. Wenn Sie wissen, dass *Sie die* GRÖSSE *selbst* sind, dann erlangen Sie Zugang zu einer inneren „majestätischen Ruhe" (T-18.I.8:2), die so machtvoll ist, dass jede Kleinheit, die versucht, sie zu brechen, nur selbst daran zerbrechen kann.

Somit besteht Ihre primäre Funktion nach Auffassung des *Kurses* nicht darin, nach Ihrer GRÖSSE zu suchen, denn Sie haben sie nie verloren. Ihre Funktion besteht vielmehr darin, die *Kleinheit* in Ihrem Denken zu finden und sie zu sühnen, indem Sie um ein Wunder bitten und dann einfach eine andere Entscheidung treffen.

**Dein ganzes Streben muss sich gegen die Kleinheit richten,
denn es erfordert in der Tat Wachsamkeit, deine Größe
in dieser Welt zu schützen.**

(T-15.III.4:4)

Wenn das Ego nicht länger im Weg steht, scheinen die LIEBE und die GRÖSSE Ihres HÖHEREN SELBST ganz natürlich durch Ihr Verhalten hindurch. Deshalb sagt der *Kurs*, dass die „einzige Verantwortung" des Wunderwirkenden darin besteht, „die SÜHNE für sich selber anzunehmen." (T-2.V.5:1) Dadurch, dass Sie die Sühne annehmen – also Ihre Gedanken wieder auf das Gewahrsein für die wechselseitige Verbundenheit mit allem Sein richten –, gehen Sie das Problem nicht nur dort an, wo es behoben werden kann (nämlich in Ihrem Geist), sondern liefern anderen Menschen zugleich einen Beweis für die Macht, die auch sie in sich tragen. Das heißt, dass Sie, wenn *Ihre* Gedanken geheilt werden, ganz automatisch die Fähigkeit erlangen, andere Menschen durch Ihr Vorbild wahrer GRÖSSE am Arbeitsplatz zu heilen.

Ihre primäre Funktion

Unabhängig davon, was auf Ihrer Visitenkarte zu lesen ist, besteht Ihre wichtigste Aufgabe deshalb darin, *das Licht zu sein*, das die Dunkelheit des Egos fortleuchtet. Ihre Berufung, wie der *Kurs* sie nennt (T-1.III.1:10), besteht darin, die GRÖSSE zu verkörpern, die Ihr „angestammtes Erbe" (T-Einleitung) ist, und das tun Sie dadurch, dass Sie der Kleinheit in Ihrem eigenen Geist durch Vergebung von Moment zu Moment ein Ende setzen.

Ich bin das Licht der Welt.
Das ist meine einzige Funktion.
Aus diesem Grunde bin ich hier.

(Ü-I.61.5:3–5)

Wie wäre es also, wenn Ihr tägliches Ziel darin bestünde, an Ihrem Arbeitsplatz das Licht zu sein? Wie würde sich Ihr Auftreten verändern, wenn Sie wirklich glaubten, dass Ihre *erste* Aufgabe in der Vergebung besteht, der alles andere untergeordnet ist? Wie würden Sie Ihre Kollegen behandeln, wenn Sie von dem Augenblick an, in dem Sie morgens die Augen öffnen, bis zu dem Augenblick, in dem Sie sie abends schließen, der grundlegenden Überzeugung wären, dass Sie und auch alle anderen Menschen in Ihrem Umfeld eine heilige Wohnstatt für die GRÖSSE selbst sind?

Klingt das naiv? Dann lassen Sie es uns einmal der Art von Führungspersönlichkeit gegenüberstellen, die Sie gerne sein möchten. Ich habe in meinen Kursen schon viele Führungskräfte gebeten, im so genannten Freewriting eine Führungspersönlichkeit zu beschreiben, der sie großen Respekt zollten, und auch die Gründe dafür zu benennen. Angesichts der Tatsache, dass wir andere Menschen zumeist wegen der Eigenschaften bewundern, die wir gerne selbst verkörpern würden, besteht das Ziel dieses Prozesses darin, die entsprechenden Eigenschaften zu identifizieren und die damit verbundenen Handlungsschritte zu erarbeiten.

Wie nicht anders zu erwarten, haben sich aus diesen Kursen einige erstaunliche Diskussionen darüber ergeben, was es bedeutet, eine starke Führungspersönlichkeit zu sein, und ich kann sagen, dass ausnahmslos jeder, dem großer Respekt gezollt wurde, seine Anerkennung daraus bezog, dass er in seiner GRÖSSE authentisch war. Natürlich ist das nicht die Sprache, die in solchen Kursen üblicherweise verwendet wird, aber die *Wirkung* ist identisch. Es geht wie immer um die Energie und die Präsenz, die Sie ganz natürlich ausstrahlen, wenn Ihr Geist in Übereinstimmung mit der LIEBE ist. Der folgende Text stammt von einer Teilnehmerin an einem Workshop,

133

den ich kürzlich geleitet habe. Sie beschreibt ihren ehemaligen Vorgesetzten. (Bitte denken Sie daran, dass der Text in der Freewriting-Methode geschrieben wurde, bei der im Grunde der Bewusstseinsstrom des Schreibenden zu Papier gebracht wird.)

Schon allein in seiner Gegenwart zu sein, hat eine transformative Wirkung – er ist die Verkörperung wahrhaftiger Güte und fürchtet sich trotzdem nicht davor, schwierige Entscheidungen zu treffen. Er ist aufmerksam mit einem Sinn für Humor, sich seiner selbst und anderer bewusst, Würde, ruhig, fokussiert, freudig, authentisch, freigeistig, fühlt sich in seiner eigenen Haut wohl, nimmt sich nicht zu ernst, demütig, sehr geduldig und außerdem erfüllt von einer stillen Zuversicht und stillem Verstehen und Geduld für das, was es bedeutet, ein Mensch zu sein und das Wesen des menschlichen Geistes. Er spricht langsam und bedächtig, und es scheint nie so, als gäbe es einen anderen Ort, an dem er gerade sein müsste.

Ich behaupte, dass das alles andere als naiv ist, sondern vielmehr die höchste Form darstellt, in der Sie in der Welt auftreten können. *Und wer würde nicht mit dieser Führungspersönlichkeit arbeiten oder – noch besser – diese Führungspersönlichkeit* **sein** *wollen?*

Durch GRÖSSE führen

Nun stellt sich also die Frage, was es braucht, um durch GRÖSSE zu führen. Aus der Sicht des *Kurses* liegt der Schlüssel darin, „dir deiner Größe in einer Welt der Kleinheit vollkommen bewusst zu bleiben." (T-15.III.4:5) Das bedeutet, *zuerst* mit der geistigen Schau und dann mit der körperlichen Sicht zu sehen. Deshalb brauchen Sie eine Übung der Vergebung von Moment zu Moment. *Vergebung* durch den heiligen Augenblick und durch Sühne ist das, was Ihre Sicht wieder zur LIEBE zurückkehren lässt und es Ihnen ermöglicht, die Göttlichkeit in der Menschlichkeit zu sehen. Das meinen wir übrigens, wenn wir das Wort *namaste* aussprechen. Es bedeutet frei übersetzt: „Ich verbeuge mich vor dem Göttlichen in dir" oder „Das Göttliche in mir grüßt das Göttliche in dir." Es ist von entscheidender Bedeutung, dass Sie diese Definition von Vergebung wirklich verstehen, weil Sie anderenfalls sowohl das Konzept der GRÖSSE als auch Ihre Funktion missverstehen.

Wenn Sie beispielsweise verstehen, dass Ihre Funktion darin besteht, „das Licht zu sein", *ohne* gleichzeitig auch den hier beschriebenen konkreten Kontext der GRÖSSE zu verstehen, dann nehmen Sie vielleicht ganz einfach an, das Ziel bestünde darin, andere Menschen mit Zuneigung zu überschütten. Obwohl man dies sicherlich als eine Form von Liebe betrachten kann, ist es für unsere Zwecke das falsche Ziel, weil es in einem geschäftlichen Umfeld definitiv unangebracht ist.

Sie werden deshalb erleichtert sein zu hören, dass die Erfüllung Ihrer Funktion der LIEBE nicht darin besteht, an Ihrem Arbeitsplatz ständig übertriebene Liebenswürdigkeit zur Schau zu stellen. Dieses Buch enthält viele Geschichten, die zeigen, dass Sie einen anderen Menschen nicht einmal *mögen* müssen, um das HEILIGE in ihm zu erkennen. Es ist wichtig, sich dessen bewusst zu sein, da Sie immer mit Menschen arbeiten werden, mit denen Sie sonst keine Zeit verbringen würden. Der *Kurs* will somit zum Ausdruck bringen, dass der beste Weg, LIEBE zu erweisen, darin besteht, *äußerst wachsam alles zurückzuweisen, was nicht LIEBE ist.* Die Erkenntnis der GRÖSSE kommt also durch das Loslassen der Kleinheit, und das Loslassen der Kleinheit geschieht durch eine Praxis der Vergebung. Auch wenn der *Kurs* den Prozess nicht als linearen Weg beschreibt, haben Sie inzwischen hoffentlich ein Gefühl dafür entwickelt, dass sich in der Tat eine Ordnung basierend auf dem ergibt, worüber wir bisher gesprochen haben.

- **GRÖSSE** ist die Präsenz der heiligen LIEBE, die in allen Lebewesen existiert und sie umgibt.
- **Egodenken** ist das, was der Wahrnehmung dieser LIEBE im Weg steht.
- **Sühne** ist der Moment, in dem Sie eine Wahl zwischen der LIEBE und der Angst (dem Ego) erkennen und sich für die LIEBE entscheiden.
- **Gebet** ist eine Bitte um die geistige Schau anstelle Ihrer begrenzten Wahrnehmung.
- **Der heilige Augenblick** stellt sich ein, wenn Sie durch Ihr Gebet uneingeschränkten Zugang zur LIEBE erlangen.

- **Vergebung** stellt sich ein, wenn Sie durch den heiligen Augenblick die GRÖSSE anderer Menschen jenseits aller körperlichen oder persönlichen Unterschiede erkennen.
- Ein **Wunder** stellt sich ein, wenn Ihre Perspektive durch Vergebung geheilt wird, indem sie zur LIEBE zurückkehrt und es der LIEBE damit ermöglicht, durch Sie zu wirken.
- Die **besondere Funktion** ist eine Aufforderung, das Wunder Ihrer geheilten Perspektive auf andere Menschen auszudehnen.

Wie Sie sehen, gehört wesentlich mehr dazu, ein Wunder zu empfangen, als nur ein Gebet zu sprechen und auf den *Aha*-Moment zu warten. Selbst wenn dieser *Aha*-Moment eintritt, wenn Sie also das Gefühl inneren Friedens empfinden, das von Sühne und Vergebung herrührt, haben Sie Ihre „Aufgabe" noch nicht erfüllt. Es reicht nicht, das Wunder selbst zu erfahren und es einfach dabei bewenden zu lassen. „Das Licht sein" bedeutet, Ihr Licht hell leuchten zu lassen, indem Sie anderen Menschen einen besseren Weg zeigen. Es gilt auch hier, dass Sie diese Vorstellungen Ihren Kollegen gegenüber nicht zu erwähnen brauchen und dass es vermutlich sogar besser ist, wenn Sie es nicht tun. Teilen oder „ausdehnen", wie der *Kurs* es nennt, bedeutet nur, dass, wenn *Sie* aus diesen Prinzipien heraus leben, Sie das verkörpern, was der *Kurs* als „für die ALTERNATIVE stehen" (H-5.III.2:6) bezeichnet.

Für die GRÖSSE eintreten

Mein bevorzugtes Beispiel für die praktische Umsetzung dieses Konzepts stammt aus einem kürzlich von Marianne Williamson geleiteten Karriereseminar. Während der Fragestunde stand eine Frau von etwa Mitte vierzig auf und berichtete unter Tränen von den herzzerreißenden Schicksalsschlägen, die ihr im Leben widerfahren waren. Ein Job ohne Aufstiegsmöglichkeiten. Ein Ehemann, der sie missbrauchte. Kein Geld, um ihre Kinder zu ernähren. Mit jedem neuen, leidvollen Rückschlag, von dem sie berichtete, wurde es stiller im Raum, bis man schließlich eine Stecknadel hätte fallen hören. Alle Teilnehmer fühlten zutiefst mit ihr. „Ich weiß einfach nicht mehr", sagte die Frau zum Schluss, „was ich sonst noch tun kann."

Marianne hatte ihr sehr aufmerksam zugehört. Nachdem die Frau geendet hatte, hielt sie kurz inne, um ihre Gedanken zu sammeln, und antwortete dann leise: „Das ist eine unglaubliche Geschichte, und ich wette, dass sie Ihnen sehr viel Aufmerksamkeit einbringt. Trotzdem werde ich mich nicht darauf einlassen." Diese Worte wurden mit sehr großem Mitgefühl ausgesprochen, standen aber dennoch mit unmissverständlicher Entschlossenheit im Raum.

Das meint der *Kurs*, wenn er davon spricht, „für die ALTERNATIVE zu stehen." Alles, was die Frau in sich sah, war Kleinheit, während alles, was Marianne in ihr sah, GRÖSSE war. Identifikation mit dem Körper im Gegensatz zur Identifikation mit dem reinen Geist. Dadurch, dass Marianne die Frau auf die große Anziehungskraft hinwies, die Schmerz und Leid auf sie ausübten, benannte sie nicht nur eine der Hauptblockaden, die ihr den Zugang zu ihrer Macht versperrten, sondern zeigte gleichzeitig auf, dass die anderen Teilnehmer durch ihre mitleidsvollen Gesichter unabsichtlich ihre Opferwahrnehmung verstärkten.

> **Sich einfühlen bedeutet nicht, sich im Leiden zu verbinden –**
> **denn genau das musst du *ablehnen* zu verstehen.**
> **So deutet nämlich das Ego die Einfühlung, und diese Deutung**
> **wird immer dazu benutzt, eine besondere Beziehung**
> **herzustellen, in der das Leiden geteilt wird.**
>
> (T-16.I.1:1–2)

Bis zu dem Moment, in dem Marianne gleichsam den Bann brach, war der Raum erfüllt von dem, was wir für Einfühlung hielten, während wir in Wahrheit nichts anderes taten, als uns „im Leiden zu verbinden". Aus der Sicht des *Kurses* ist dies die Auffassung, die das Ego von Einfühlung hat, weil es den anderen Menschen nicht von seiner Angst befreit, sondern im Gegenteil vielmehr die Angst *verstärkt*, die *alle Beteiligten* gefangen hält.

Denken Sie an die Zeiten in Ihrem eigenen Berufsleben zurück, in denen jemand mit einem Problem zu Ihnen kam und Sie in die Kleinheit hinabgesunken sind, statt das HÖCHSTE SELBST in Aktion zu verkörpern. Wir alle waren schon einmal an diesem Punkt, ganz gleich, ob wir uns am Büroklatsch beteiligt haben oder in einem kleinlichen Streit parteiisch gewesen sind. Dadurch, dass wir selbst „klein" waren, haben wir jedoch nicht nur *unsere* GRÖSSE verleugnet, sondern einem anderen Menschen auch die Möglichkeit verwehrt, seine eigene GRÖSSE zu erkennen.

Aus diesem Grund sollten Sie Ihr eigenes Leiden nicht in einen Götzen verwandeln und es auch anderen Menschen nicht erlauben, dies in Ihrer Gegenwart zu tun. Unsere Anstrengungen haben uns schon viel zu lange nicht mehr als Brücke gedient, um auf höhere Ebenen zu gelangen, sondern als Leiter, um eine Identität des Elends darauf zu errichten. Bedauerlicherweise schauen wir dann oft tatenlos zu und staunen über den Schmerz, während die Brücke zum Wachstum unbemerkt bleibt und nicht überquert wird.

Ich brauche wohl nicht zu erwähnen, dass es zu unterscheiden gilt zwischen einer gesunden Problemanalyse, um künftige Fehltritte zu verhindern, und einer ungesunden Fixierung auf das Leiden als Ausrede dafür, klein zu bleiben. Was auf Sie selbst zutrifft, können nur Sie wissen, aber bei der Frau in Mariannes Workshop war klar, dass sie den Mühlstein der Kleinheit schon seit vielen Jahren mit sich herumtrug und dass es an der Zeit war, die Geschichte zu ändern.

Dadurch, dass Marianne nicht ihre Kleinheit, sondern ihre GRÖSSE sah, sagte sie im Grunde: „Unabhängig davon, wie du dich selber siehst, will ich die WAHRHEIT dessen sehen, der du bist, und bis du das Bewusstsein dafür wiedererlangt hast, will ich deine Augen sein." Es war ein unvergesslicher Moment, und das nicht nur deshalb, weil die Frau endlich fähig war, einen Blick auf ihr volles Potenzial zu erhaschen, sondern auch deshalb, weil die Achtung, die sie Marianne gegenüber empfand, sie motivierte, dieses Potenzial auch zu verkörpern. Das ist es, was der *Kurs* unter LIEBE versteht, aber es gibt dafür auch noch ein anderes Wort: *Führungsstärke*.

Wenn Sie also tatsächlich eine bedeutende Führungspersönlichkeit sein wollen, eine Führungspersönlichkeit, von der andere Menschen sich wahrhaft inspiriert fühlen, dann geben Sie sich selbst den Raum, andere in ihrer vollen GRÖSSE zu sehen, bis ihre Schau die Ihrige eingeholt hat. Das können Sie nicht, wenn Sie über andere urteilen, Probleme zu Götzen machen, vergleichen oder Menschen dazu ermutigen, es ebenfalls zu tun. Ihr Mitleid und Ihre Unsicherheiten sind eine Gabe an niemanden. Allein Ihre GRÖSSE, gestärkt durch Vergebung, ist eine Gabe an alle Menschen, weil sie das Licht ist, das Sie selbst und alle anderen nach Hause führt. Dies ist Ihre primäre Funktion, und die Menschen in Ihrer Umgebung, die für sich selbst blind sind, warten verzweifelt darauf, dass Sie endlich Anspruch darauf erheben.

KURSARBEIT: Richten Sie sich auf Ihre Funktion aus

Im Übungsbuch des *Kurses* heißt es in Lektion 64: „Nur indem du die Funktion erfüllst, die dir von GOTT gegeben wurde, kannst du glücklich werden." (Ü-I.64.4:1) Da dem *Kurs* zufolge unsere Funktion darin besteht, LIEBE zu erweisen, kann man diesen Satz auch wie folgt lesen: „Nur durch die LIEBE kannst du glücklich werden." Klingt glaubhaft, nicht wahr? Wenn Sie einmal über die Zeiten in Ihrem Leben nachdenken, in denen Sie das höchste Maß an Freude erfahren haben, werden Sie vermutlich feststellen, dass es die Momente waren, in denen Sie etwas getan haben, das Sie lieben, oder in denen Sie von Menschen umgeben waren, die Sie lieben. Nun wollen wir jedoch über die LIEBE nachdenken, wie sie in diesem Kapitel definiert wird.

Denn wenn die LIEBE gleichbedeutend damit ist, alles aufzugeben, was *nicht* LIEBE ist, kann man den obigen Satz auch anders lesen. Dann kann er gedeutet werden als: „Nur indem du die *Kleinheit loslässt*, kannst du glücklich werden." Aus der Sicht des *Kurses* sind alle drei Aussagen wahr, aber es ist dennoch ein lohnenswertes Experiment, einmal darauf zu achten, welche Reaktion jede dieser Aussagen in Ihnen auslöst. Wie fühlt es sich für Sie an, die LIEBE im Beruf als die Zurückweisung von Kleinheit zu sehen? Wie würde es für Sie aussehen? Gehen Sie beispielsweise übermäßig in die Defensive, wenn man Sie herausfordert? Sind Sie fest entschlossen, auch aus der trivialsten Meinungsverschiedenheit als Sieger hervorzugehen? Tragen Sie einen Groll monatelang mit sich herum? Wenn Sie das erforderliche Maß an Selbstwahrnehmung entwickeln können, um die „kleinen" Verhaltensweisen zu bemerken, die dem vollen Ausdruck Ihrer GRÖSSE im Weg stehen (oder Sie daran hindern, die GRÖSSE anderer Menschen zu sehen), wird es Ihnen wesentlich leichter fallen, sie aufzulösen, ehe sie „groß" werden. Um dies zu erreichen, empfiehlt der *Kurs* Ihnen, sich immer dann, wenn Sie aufgewühlt oder beunruhigt sind, eine einfache Frage zu stellen:

**Das ist die Frage, die *du* in Verbindung mit allem stellen
lernen musst. Was ist der Sinn und Zweck?
Was immer er auch sei, er wird deine Bemühungen
automatisch lenken.**

(T-4.V.6:8–10)

Ihre heutige Aufgabe und Übung besteht also darin, sich diese Frage im Laufe des Tages immer wieder zu stellen: „Was ist der Sinn und Zweck?" Sie können sie sich auf den Handrücken oder auf eine Haftnotiz schreiben oder sie als Erinnerung in Ihrem Handy speichern. Die Methode spielt keine Rolle, solange sie funktioniert und Sie diese Frage im Laufe des Tages immer wieder vor Augen haben. Es geht darum, mit ihrer Hilfe immer wieder neu über das höchste Ziel Ihrer Gedanken und folglich auch Ihres Verhaltens nachzudenken und sich entsprechend darauf auszurichten.

Wenn Sie beispielsweise plötzlich das Bedürfnis verspüren, jemandem eine hitzige Nachricht zu senden, erschaffen Sie mit der Frage „Was ist der Sinn und Zweck?" eine Bremsschwelle in Ihrem Geist, die es Ihnen ermöglicht, erst einmal zu überlegen, ob Ihr Ziel darin besteht, den Standpunkt eines anderen Menschen zu verstehen, oder darin, den Scheinwerfer darauf zu richten, dass er im Unrecht ist.

Marshall Rosenberg, der Begründer der Gewaltfreien Kommunikation, hat den Satz geprägt: „Verbindung geht vor Berichtigung." Das heißt, dass, wenn die Verbindung mit einem anderen Menschen Ihr Sinn und Zweck ist, sich immer die richtige Lösung finden wird.

WICHTIGE ZITATE

- Eine heilige Beziehung geht von einer anderen Voraussetzung aus. Jeder hat nach innen geschaut und keinen Mangel dort gesehen. Da er seine Vollständigkeit annimmt, möchte er sie ausdehnen, indem er sich mit einem anderen verbindet, der ganz ist, wie er selbst. Zwischen diesen Selbsten sieht er keinen Unterschied, denn Unterschiede sind nur vom Körper. (T-22.Einleitung.3:1–4)

- Entscheide dich für Kleinheit, und du wirst keinen Frieden haben, denn du wirst dich als seiner unwürdig beurteilt haben. (T-15.III.2:2)

- Dein Üben muss deshalb auf deiner Bereitwilligkeit gründen, die ganze Kleinheit loszulassen. (T-15.IV.2:1)

- Und während du versäumst zu lehren, was du gelernt hast, wartet die Erlösung, und die Dunkelheit hält die Welt in finsterer Gefangenschaft. (Ü-I.153.11:3)

Verhält ein Bruder sich
wahnsinnig, so kannst du ihn
nur dadurch heilen, dass du
die geistige Gesundheit in
ihm wahrnimmst.

(T-9.III.5:1)

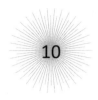

10

DIE WEHRLOSE ABWEHR

Elaine hatte gemeinsam mit ihrer Kollegin und engen Freundin Donna fast sechs Monate an der Markteinführung eines wichtigen neuen Schulungsprogramms ihrer Firma gearbeitet. Sie sollte im Rahmen einer Konferenz erfolgen, bei der nur Führungskräfte anwesend sein würden, sodass Elaine sie als gute Gelegenheit ansah, einen positiven Eindruck zu hinterlassen, und darauf hoffte, sie als Sprungbrett für ihre Karriere nutzen zu können.

Am Morgen der Veranstaltung gingen Elaine und Donna die Tagesordnung noch einmal gemeinsam mit dem geschäftsführenden Gesellschafter durch, um ihn über den vor ihnen liegenden Tag zu informieren.

„Nach dem Hauptvortrag werde ich die Gewinner der Verlosung bekanntgeben", sagte Elaine. „Dann folgt die Mittagspause."

„Moment mal", sagte Donna. „Ich dachte, wir wollten mit der Verlosung bis ganz zum Schluss warten, weil wir doch der Meinung waren, dass wir vor dem Mittagessen nicht genug Zeit dafür haben würden."

Elaine merkte, dass sie ärgerlich wurde, und das nicht nur deshalb, weil sie vorher mehrfach über den Zeitpunkt für die Verlosung diskutiert hatten, sondern auch, weil sie das Gefühl hatte, nachträglich vor ihrem Vorgesetzten kritisiert zu werden, der ihnen beiden jetzt verwirrte Blicke zuwarf.

Was Elaine zu diesem Zeitpunkt noch nicht wusste, war, dass dies nur das erste von *vielen* Ärgernissen war, die Donna ihr im Laufe des Tages noch bescheren sollte. Ohne Rücksicht darauf, wer gerade in der Nähe war, stellte Donna von der Sitzordnung und der Übernahme der Parkgebühren bis hin zur Auswahl der Redner und sogar der Verteilung der Präsente jede Entscheidung infrage, die Elaine getroffen hatte. Es schien kein Thema zu geben, das für ihre Kritik zu groß oder zu klein war.

Elaine war von diesem Verhalten überrascht und enttäuscht, weil sie glaubte, dass Donna sie hätte beiseitenehmen sollen, um ihre Einwände vorzubringen, und weil sie der Meinung war, dass fast alle Bedenken, die Donna vorbrachte, in der Planungsphase bereits abgehandelt worden waren. Es kostete nicht nur Zeit, die gleichen Diskussionen noch einmal zu führen, sondern vermittelte nach Elaines Meinung auch den Eindruck, als seien sie schlecht vorbereitet und würden unprofessionell arbeiten. Nach etwa sechs Stunden riss Elaine schließlich der letzte Geduldsfaden.

„Könntest du *bitte* aufhören, mir zu erklären, wie ich meine Arbeit zu erledigen habe?!", schnauzte sie Donna an.

Sie bedauerte zwar ihren Tonfall und ihre Worte, kaum, dass sie heraus waren, aber ehe sie sich entschuldigen konnte, war Donna bereits beleidigt abgezogen. Und als sei das nicht schon schlimm genug, bemerkte Elaine, als sie sich umwandte, dass drei ihrer Kollegen – darunter auch ihr direkter Vorgesetzter – die ganze Szene beobachtet hatten.

Über dem Schlachtfeld

Was tun Sie, wenn Ihre GRÖSSE sich restlos in Kleinheit auflöst? Was geschieht, wenn Sie die feste *Absicht* hatten, „das Licht zu sein", sich aber fühlen, als hätte man das Kabel durchtrennt, bevor Sie die Chance hatten, das Licht einzuschalten? Dies sind wichtige Fragen, die Sie sich in jeder Phase Ihrer beruflichen Laufbahn stellen sollten, die aber dann von besonderer Bedeutung sind, wenn Sie eine Führungsrolle innehaben, weil Sie von anderen Menschen nicht erwarten können, am Arbeitsplatz ihr HÖCHSTES SELBST zu verkörpern, wenn Sie es nicht auch tun.

Aus der Sicht des *Kurses* gilt es hier zu beachten, dass Meinungsverschiedenheiten normal, *Konflikte* dagegen stets die Spielwiese des Egos sind. Im *Kurs* heißt es sogar: „Das Ego wird stark durch Zwist." (T-5.III.8:8) Wenn Sie also zulassen, dass eine Situation bis hin zur Aggression eskaliert, ermächtigen Sie Ihre eigene Angst *und* legen anderen Menschen gegenüber ein

144

angstbasiertes Verhalten an den Tag. Das hält nicht nur *Sie* in der „Hölle" gefangen, sondern zieht auch alle anderen hinab.

Stellen Sie sich also einmal folgende Frage: Wie sieht Ihre übliche Reaktion aus, wenn Ihre Vorstellungen und Meinungen im Büro in Frage gestellt werden? Ich kenne niemanden, der je zugegeben hat, Spaß an Dramen zu haben, aber ich kenne genügend Menschen, die alles daran setzen, sie anzuziehen. Ich kenne auch Menschen (mich selbst eingeschlossen), die Elaine insofern gleichen, als dass sie keine Spannungen provozieren wollen, sich manchmal aber dazu verleiten lassen oder zumindest das Potenzial haben, eine Situation stärker zu verschärfen, als es notwendig wäre.

Natürlich gibt es viele verschiedene Herangehensweisen, um mit Konflikten am Arbeitsplatz umzugehen, und jeder von uns hat im Laufe der Jahre schon gut gemeinte Ratschläge gehört, welche Strategie am „besten" geeignet ist. Je nach Situation rät man uns, nachzugeben und unsere Munition für wichtigere Gefechte aufzusparen, unsere Anstrengungen zu verdoppeln oder einen Vergleich zu schließen. Alle diese Strategien haben ihre Berechtigung, rühren aber auch von einer Betrachtungsweise her, die uns glauben lässt, dass wir uns „auf dem Schlachtfeld" befinden, wie der *Kurs* es beschreibt. Wenn Sie einen Konflikt also einzig und allein durch die Augen des Egos betrachten, müssen andere Menschen verlieren, damit Sie „gewinnen" können, *weil* Sie sie als getrennt wahrnehmen. (Selbst ein Kompromiss bedeutet, dass jemand etwas aufgeben muss.) Wir glauben, dass wir gegen einen anderen Menschen konkurrieren müssen, um ihn zu besiegen, und dieser Kreislauf bestimmt unser Denken in praktisch jedem Bereich unseres Lebens. Er erstreckt sich sogar auf unsere eigenen Unternehmen, in denen die Botschaft oft klar und deutlich lautet: *Um der Beste zu sein, musst du die Besten schlagen.*

Wenn Sie den *Kurs* und seine Konzepte nicht kennen würden, könnten Sie leicht annehmen, dass die einzige Möglichkeit, einen Konflikt zu gewinnen, darin besteht, die Position eines anderen Menschen *anzugreifen* und sich selbst gegen seine Angriffe *zu verteidigen*. Dies ist die wohl häufigste, für unsere Zwecke aber ganz gewiss nicht die aufgeklärteste Herangehensweise an Auseinandersetzungen, da sie im Grunde versucht, das Ego mit Hilfe des Egos auszuschalten. Dazu heißt es im *Kurs*: „Doch denke nicht, dass Angst der Ausweg aus der Angst ist." (Ü-I.170.9:1)

Immer wenn Sie sich in die Kleinheit hineinziehen lassen, sind die Auswirkungen deshalb unweigerlich genau das Gegenteil von dem, was Sie ursprünglich beabsichtigt hatten. Der Kreislauf aus Angriff und Abwehr maskiert sich also als der *Ausweg* aus der Angst – schließlich kann Ihnen niemand zu nahe kommen, wenn Sie „stark" sind –, während er die Angst in Wahrheit nur *verstärkt*.

In dem oben beschriebenen Fall hat Elaine beispielsweise versucht, Donna zum Nachgeben zu bewegen, ihren Widerstand in Wirklichkeit jedoch vergrößert. Außerdem befürchtete Elaine, dass Donnas kritische Nachfragen ihrem Ruf als vielversprechende Mitarbeiterin schaden könnten, richtete dadurch, dass sie ihre Stimme erhob – und von ihrem Vorgesetzten dabei erwischt wurde –, jedoch selbst den Schaden an, den sie unbedingt vermeiden wollte. Mitchell, von dem ich in Kapitel 8 berichtet habe, stellte durch seinen Versuch, Autorität zu zeigen, lediglich seine Unsicherheit zur Schau. Die Liste der Beispiele ließe sich beliebig fortsetzen.

Was würde passieren, wenn wir, statt auf dem Schlachtfeld gewinnen zu wollen, das Schlachtfeld ganz einfach verließen?

Erinnern Sie sich an Ihre GRÖSSE

Dies ist der Punkt, an dem Ihr Verständnis für das Konzept der GRÖSSE besonders an Bedeutung gewinnt. Wenn Sie wissen, dass Ihre GRÖSSE nicht bedroht werden kann, dann wissen Sie auch, dass die Schlachten des Egos zu gewinnen gleichbedeutend damit ist, dass Sie aufhören, sie zu schlagen. Natürlich stehen Sie trotzdem weiterhin für das ein, was Sie wollen und woran Sie glauben, aber der grundlegende Unterschied besteht darin, dass Sie dem Angriff als Möglichkeit, es zu bekommen, nun keinen Wert mehr beimessen.

Die Starken greifen nicht an, weil sie keine Notwendigkeit dafür sehen. Bevor die Idee des Angriffs in deinen Geist eindringen kann, musst du dich selber als schwach wahrgenommen haben.

(T-12.V.1:2–3)

Die rein körperliche Sicht macht Ihnen weis, dass Sie angegriffen und geschwächt werden können, und tatsächlich ist das Ego sehr gut darin, Buch über die Schlachten zu führen, die Sie „gewonnen" und „verloren" haben. Die geistige Schau erkennt dagegen, dass persönliche Zwistigkeiten keine Auswirkung auf die WAHRHEIT haben. Sie sind nicht das Selbst, das durch die Handlungen eines anderen Menschen verletzt werden kann. Sie sind das EINE, das sich des vermeintlich verletzten Selbstes gewahr ist, aber dennoch in einem Zustand der GNADE jenseits davon existiert. Die LIEBE, die Sie sind, hat keinen Anteil an Ihren Urteilen und an der fragmentierten Wahrnehmung, die Sie von sich und von den Menschen in Ihrer Umgebung haben. Stattdessen steht Ihre GRÖSSE „strahlend da, abseits des Konflikts, unberührt und still" (T-23.I.7:10), und sie ist die QUELLE Ihrer Kraft. Alles andere, so sagt der *Kurs*, ist ein „Krieg zwischen zwei Illusionen" in einem „Zustand, in dem nichts geschieht." (T-23.I.7:8)

Wenn Sie sich Ihrer GRÖSSE nicht gewahr sind, wenden Sie sich von der LIEBE ab und betreten das Schlachtfeld. Ihre angstvollen Gedanken bringen Sie dazu, sich lieblos zu verhalten, was dazu führt, dass andere Menschen Ihnen gegenüber ebenfalls lieblos sind, was wiederum zur Folge hat, dass Sie noch liebloser handeln, und so setzt sich der Teufelskreis endlos fort. *Wollen Sie am Arbeitsplatz tatsächlich für Ihre Kleinlichkeit bekannt sein? Wollen Sie dieses Denken tatsächlich sogar in Ihre größten beruflichen Herausforderungen hineintragen?*

Im vorherigen Kapitel habe ich Sie dazu ermutigt, immer dann, wenn Sie merken, dass Sie Ihren inneren Frieden verlieren, die Gedanken Ihres Egos zu unterbrechen und Ihren Absichten auf den Grund zu gehen, indem Sie sich fragen: „Was ist der Sinn und Zweck?" Wenn der Sinn und Zweck also darin besteht, eine tiefergehende Verbindung zu einem anderen Menschen aufzubauen – was unabdingbar ist, wenn Sie ihn beruflich motivieren wollen –, dann stellt sich die Frage, ob Ihnen das *wirklich* gelingen kann, wenn Sie ihn in Gedanken angreifen.

Elaine entschuldigte sich schließlich bei Donna für ihr Verhalten und machte den Stress, der mit der Durchführung der Veranstaltung verbunden war, für ihren Ausbruch verantwortlich. Bei genauerem Hinschauen ist jedoch unschwer zu erkennen, dass das tatsächliche Problem darin bestand, dass Elaine die Kleinheit der GRÖSSE vorgezogen hatte. Ihr kleines Selbst war bedroht, und um dem Gefühl der Hilflosigkeit aus dem Weg zu gehen, projizierte sie diese Bedrohung auf Donna. Elaines Sinn und Zweck bestand nicht darin, sich mit Donna zu verbinden, sondern darin, zu gewinnen. Und was kann bei einem Sinn und Zweck, den das Ego anstrebt, am Ende anderes herauskommen als eine Erfahrung, die das Ego macht?

Bis Elaine sich der Tatsache bewusst wird, dass ihr wahrer Sinn und Zweck – also ihre Funktion – darin besteht, sich gegen das Ego zu entscheiden und damit zu einem reinen Kanal für die LIEBE zu werden, wird sie das Drama des Egos in unterschiedlichen Formen immer wieder neu erschaffen. Beim nächsten Mal ist ihr Problem womöglich nicht der Stress, der mit der Planung einer großen Veranstaltung verbunden ist, aber es wird immer etwas sein, das gleichermaßen außerhalb ihrer Kontrolle liegt, damit sie an ihrer Reaktion darauf gleichermaßen schuldlos sein kann. Ist es ein Wunder, dass die Tricks des Egos so große Macht über sie hatten, wenn sie sich ihrer so wenig bewusst war?

Wenn Elaine einmal kurz innegehalten und sich gefragt hätte, was der Sinn und Zweck ihrer Gedanken war, hätte sie das Ego bei dem Versuch, Trennung zu erzeugen, ertappt. Wenn sie sich anschließend die Frage gestellt hätte: „Möchte ich vollkommene Kommunikation haben und bin ich gänzlich willens, alles für immer loszulassen, was sie beeinträchtigt?"(T-15. IV.8:3), hätte sie den unnötigen Zank mit Donna von vorneherein vermeiden können. Machen Sie sich jedoch klar, dass „vollkommene Kommunikation" in diesem Sinne nicht bedeutet, die perfekten *Worte* zu finden. Es bedeutet vielmehr, sich zuerst die GRÖSSE ins Bewusstsein zu rufen *und dann* aus einer wundergesinnten Perspektive heraus zu entscheiden, was Sie als Nächstes tun wollen.

Da das Gebet, wie es im *Kurs* heißt, „das Medium der Wunder" ist (T-1.I.11:1), hätte sich der Ärger, den Elaine empfand, vielleicht ganz von allein aufgelöst, wenn sie um Hilfe gebeten hätte: „Ich fühle, dass ich urteile, aber ich bin bereit, dies anders zu sehen." Vielleicht hätte sie auch auf eine Weise mit Donna gesprochen, die ihr nicht das Gefühl gegeben hätte, herabgesetzt zu werden. In beiden Fällen hätte Elaine nicht aus einer Energie der Spaltung und des Ärgers heraus gesprochen, und das allein hätte die Chance erhöht, dass sie tatsächlich gehört worden wäre.

Die Erlösung ist ein Unterfangen, das auf Zusammenarbeit beruht

Wenn man bedenkt, wie sehr der *Kurs* das Augenmerk auf zwischenmenschliche Beziehungen richtet, erkennt man leicht, warum er die „Erlösung" als ein „Unterfangen" bezeichnet, „das auf Zusammenarbeit beruht" (T-4.VI.8:2). Wie Sie vielleicht bemerkt haben, ist dies ein Weg, auf dem Sie Gott nicht finden, indem Sie nach oben auf einen himmlischen Schöpfer schauen, sondern indem Sie auf den Menschen schauen, der direkt vor Ihnen steht. Die GRÖSSE in anderen Menschen zu erkennen ist das, was Sie befähigt, Ihre eigene GRÖSSE zu sehen, und das bedeutet, dass *Ihre* Heilung unmittelbar mit der ihren verknüpft ist.

**Was du in andern wahrnimmst,
bestärkst du in dir selbst.**

(T-5.III.9:5)

Deshalb wird Heilung im *Kurs* als eine Gabe beschrieben, die dem physikalischen Gesetz trotzt, indem sie zum Empfangenden *und* zum Gebenden beiträgt. Ein vielleicht zu stark vereinfachendes Beispiel wäre etwa, wenn ich einen Keks habe, von dem ich Ihnen die Hälfte abgebe. Theoretisch habe ich dann weniger, und Sie haben mehr. Wenn ich jedoch meine geheilte Perspektive mit Ihnen teile, habe ich dadurch, dass ich die WAHRHEIT in Ihnen erkenne, nicht nur *Ihnen*, sondern auch mir selbst ein Geschenk (auch als Wunder bezeichnet) gemacht. *Meine* Heilung schreitet voran, wenn ich Sie an meiner GRÖSSE teilhaben lasse, und dasselbe gilt auch für Sie. *Jeder* Mensch und *jede* Begegnung, so heißt es im *Kurs*, gibt Ihnen die Gelegenheit, „sich selbst zu finden oder zu verlieren", je nachdem, ob Sie sich für die LIEBE oder für die Angst als Ihren Lehrer entscheiden.

Wenn du jemandem begegnest, so erinnere dich daran, dass es eine heilige Begegnung ist. Wie du ihn siehst, wirst du dich selber sehen. Wie du ihn behandelst, wirst du dich selbst behandeln. Wie du über ihn denkst, wirst du über dich selbst denken. Vergiss dies nie, denn in ihm wirst du dich selbst finden oder verlieren.

(T-8.III.4:1–5)

Die Erkenntnis, dass jede Begegnung – und sogar jeder *Augenblick* – potenziell heilig ist, erlaubt Ihnen nicht nur, den Menschen zu vergeben, die in Ihrer Gegenwart das Bewusstsein für ihre GRÖSSE verloren haben, sondern gibt Ihnen auch die Möglichkeit, für die Momente zu sühnen, in denen Sie in ihrer Gegenwart das Bewusstsein für Ihre GRÖSSE verlieren. Kehren wir noch einmal zu Elaine und Donna zurück. Donnas Verhalten hat *in Elaine* etwas ans Licht gebracht, das nicht geheilt war, denn anderenfalls wäre sie nicht so wütend geworden. (Im umgekehrten Fall gilt das natürlich ebenso.) Deshalb heißt es im *Kurs*: „In meiner Wehrlosigkeit liegt meine Sicherheit." (Ü-I.153) Als die Schulungskonferenz vorbei und Elaine endlich imstande war, die Abwehrmechanismen ihres Egos fallen zu lassen und nach innen zu schauen, statt Donna zu beschuldigen, erkannte sie, dass nicht Donnas nachträgliche Kritik, sondern ihre eigenen Gefühle der Nervosität und des Selbstzweifels im Hinblick auf die Veranstaltung der wahre Auslöser gewesen war. Donnas Fragen hatten diese Angst nur auf den Plan gerufen und Elaine dazu gebracht, *anzugreifen*, um sich zu *verteidigen*. Dies war nicht nur eine schlechte Führungsstrategie, sondern hatte außerdem zur Folge, dass sie wieder einmal ihrem Ego ins Gesicht starrte.

An diesem Abend bat Elaine jedoch um Hilfe. Sie tat es mit einem Gebet, das der *Kurs* das Gebet des Heilers nennt: „*Lass mich diesen Bruder erkennen, wie ich mich selbst erkenne.*" (T-5.Einleitung.3:8) Anschließend ging sie in die Stille. Sie führte sich noch einmal die Momente vor Augen, die zu ihrem Ausbruch geführt hatten, Momente, in denen ihr bewusst gewesen war, dass sie sich ärgerte, sie aber nichts gesagt hatte, und überlegte, ob es eine Möglichkeit gegeben hatte, anders mit der ganzen Situation umzugehen.

Was, wenn sie, statt zuzulassen, dass sich ihr Ärger aufstaute und schließlich aus ihr hervorbrach, Donnas zunehmender Sorge mit einem Gefühl der Neugierde begegnet wäre? Was, wenn sie, statt schroffe Antworten auf Donnas konkrete Fragen zu geben, sich ein wenig Zeit genommen hätte, um innezuhalten und zu sagen: „Ich spüre, dass du besorgt bist. Willst du darüber reden?"

Gemäß der im *Kurs* beschriebenen Praxis der Sühne war es Elaine ganz besonders wichtig, den Punkt zu finden, an dem sie aufgehört hatte, sich auf das Ereignis selbst zu konzentrieren, und stattdessen angefangen hatte, Schuld zuzuweisen. Die Frage lautete also: *Wann* hatte sie sich für die Angst entschieden?

Elaine ging diesen Prozess nicht als Kreuzverhör an, dem sie sich selbst unterzog, sondern als Gebet und als Meditation. Die Tatsache, dass sie nicht im Frieden war, sagte ihr, dass sie etwas falsch verstanden hatte, und sie wollte wissen, was in ihrem Denken vorgegangen war, um beim nächsten Mal achtsamer zu sein. Vielleicht konnte sie einen ähnlichen – oder schlimmeren – Ausbruch in Zukunft verhindern.

Nur Würdigung ist eine angemessene Reaktion auf deinen Bruder. Dankbarkeit gebührt ihm sowohl für seine liebevollen Gedanken als auch für seine Hilferufe, denn beide vermögen es, dir Liebe ins Bewusstsein zu bringen, wenn du sie wahrheitsgemäß wahrnimmst. Und all dein Gefühl von Anstrengung rührt von deinen Versuchen her, genau das nicht zu tun.

(T-12.I.6:1–3)

Am Ende des Tages erkannte Elaine, dass der Wortwechsel zwischen ihr und Donna letztlich ein Segen gewesen war, weil er ihr die Möglichkeit gegeben hatte, viele Dinge über sich selbst herauszufinden, die sie zu einer besseren Kollegin, Führungskraft und Mentorin machen würden. Sie erkannte außerdem, dass das, was sie gelernt hatte, auch die Kommunikation mit ihrem Mann und ihren beiden Töchtern verbessern würde, und *das* war es, was ihr Herz schließlich mit Dankbarkeit erfüllte. Sie hatte die Gelegenheit erhalten, *noch einmal zu wählen*, und das war in der Tat etwas, wofür sie dankbar sein konnte.

KURSARBEIT: Das „wortlose" Experiment

Sobald du begreifst, was du bist und was deine Brüder sind,
wirst du einsehen, dass es bedeutungslos ist,
sie in irgendeiner Weise zu beurteilen.
Tatsächlich ist ihre Bedeutung für dich verloren,
gerade *weil* du über sie urteilst.

(T-3.VI.3:2–3)

Wenn Sie eine Führungsrolle innehaben, sind Sie ein Signalgeber. Das heißt, dass andere Menschen besonders in schwierigen Zeiten auf Ihr Verhalten als Maßstab dafür achten, wie ernst eine Situation ist, und als Anhaltspunkt dafür, wie sie selbst reagieren sollen. Vor diesem Hintergrund wollen wir einmal die Signale betrachten, die Sie am Arbeitsplatz durch Ihre Worte, durch Ihr Handeln und sogar schon allein durch Ihre Anwesenheit aussenden.

Wenn die Botschaft, die Sie vermitteln, nicht freudvoll ist, verwehren Sie aus der Sicht des *Kurses* sich selbst und anderen Menschen die Gelegenheit zu lernen, was es bedeutet, in dieser Welt „für die ALTERNATIVE zu stehen" (das heißt, für die LIEBE zu stehen). Tatsächlich sagt der *Kurs* sogar, der kleinste Seufzer könne „ein Verrat sein an den Hoffnungen derer, die sich für ihre Befreiung an dich wenden." (Ü-I.166.14:1) Wenn Sie also die Signale einer gelassenen Führungspersönlichkeit innerhalb Ihrer Organisation aussenden wollen, dann müssen Sie zuvor *wirklich* gelassen sein.

Eine Übung, die Ihnen dabei helfen kann, ist eine Achtsamkeitspraxis, die als Übung der Wortlosigkeit bezeichnet wird.

Im ersten Schritt fassen Sie die Absicht, an jede Begegnung mit Kollegen und Kunden – besonders mit denen, die Sie als schwierig empfinden – heranzugehen, *ohne* alte Urteile in die Gegenwart einzubringen. Sie brauchen nichts zu tun, was von Ihrer üblichen Routine abweicht. Der einzige Unterschied besteht darin, dass Sie, wenn Sie im Flur an Ihren Kollegen vorbeigehen, einen Vortrag halten oder an einer Besprechung teilnehmen, nicht darüber nachdenken, was jemand anderer vor fünf Jahren – oder vor fünf Minuten – getan hat. Stattdessen bemühen Sie sich aufrichtig, die Unschuld in allen Menschen zu erkennen, denen Sie begegnen, indem Sie sie „ohne Worte" – und das bedeutet in Wirklichkeit ohne *Ballast* – sehen.

Wenn Sie zum Beispiel morgens ins Büro kommen, schauen Sie Ihren Kollegen in die Augen, begrüßen sie und stellen sich vor, dass Sie ihnen zum ersten Mal begegnen. Achten Sie darauf, was bei dieser Vorstellung in Ihnen hochkommt. Vielleicht empfinden Sie ein Gefühl des Widerstandes oder der Befangenheit, vielleicht bemerken Sie aber auch, dass Sie bestimmte Kollegen bevorzugen, weil Sie glauben, dass es für Sie angenehmer ist, die Übung mit ihnen durchzuführen als mit anderen. Alles, was Sie schon allein bei dem *Gedanken* an diese Übung empfinden, sagt etwas darüber aus, wo Sie sich für die LIEBE entscheiden und wo das Ego sich in Ihrem Geist immer noch auf alteingefahrenen Gleisen bewegt, die ans Licht zu befördern sich lohnt.

Auch hier gilt, dass Sie mit niemandem darüber zu sprechen brauchen, und es versteht sich von selbst, dass diese Übung nicht dazu gedacht ist, Grenzen fallen zu lassen, die Sie aus gutem Grund gesetzt haben. Diese Übung gibt Ihnen ganz einfach die Gelegenheit, einmal darauf zu achten, wo Sie die Tatsachen, die Sie sehen, um eine eigene Bedeutung erweitern und wie dieses Verhalten Sie „auf dem Schlachtfeld" der Urteile und Voreingenommenheiten Ihres Egos festhält. Führen Sie die Übung möglichst einen ganzen Tag lang durch und notieren Sie nachfolgend, welche Erfahrungen Sie gemacht haben.

WICHTIGE ZITATE

- Sieh niemanden vom Schlachtfeld aus, denn dort schaust du von nirgendwo auf ihn. (T-23.IV.7:1)

- Dein Bruder hat eine Unveränderlichkeit in sich, die sowohl jenseits der Erscheinung wie der Täuschung liegt. Sie wird durch eine wechselhafte Sicht von ihm verschleiert, die du als seine Wirklichkeit wahrnimmst. (T-30.VIII.2:3–4)

- Halte jetzt einen Augenblick inne, und denke an Folgendes: Ist Konflikt das, was du willst, oder ist der Friede GOTTES die bessere Wahl? Was gibt dir mehr? Ein ruhiger Geist ist keine kleine Gabe. (H-20.4:6–8)

- Wenn du begreifst, dass jeder Angriff, den du wahrnimmst, in deinem eigenen Geist ist und sonst nirgendwo, dann hast du endlich seine Quelle aufgespürt, und da, wo er beginnt, da muss er enden. (T-12:III.10:1)

- Wie sehr du immer wünschen magst, dass er verurteilt sei, GOTT ist in ihm. Und nie wirst du erkennen, dass ER auch in dir ist, solange du SEINE auserwählte Wohnstatt angreifst und mit SEINEM Gastgeber kämpfst. Sieh ihn sanft an. Schau mit liebevollen Augen auf ihn, der CHRISTUS in sich trägt, damit du seine Herrlichkeit erblicken und frohlocken mögest, dass der HIMMEL nicht von dir getrennt ist. (T-26.IX.1:3–6)

Niemand kann von
einer Lehre wie dieser
unberührt sein.

(T-14.V.7:2)

11

DIE GABE DER FREUDE

Wir alle wissen, dass Lernprozesse in quälend kleinen Schritten vonstattengehen können. In der Schule werden wir beispielsweise mit einem Konzept vertraut gemacht, studieren es, denken darüber nach, und wenn wir Glück haben, behalten wir es gerade lange genug im Gedächtnis, um eine Prüfung darüber zu bestehen. Heilung wird häufig als ein ganz ähnlicher Gesamtprozess betrachtet. Das heißt mit anderen Worten, dass es nicht ausreicht, an *einer* Therapiesitzung teilzunehmen, *ein* Beratungsgespräch zu führen oder zu *einem* Recovery-Meeting zu gehen. Echter Fortschritt verlangt, dass wir wochen-, monate- oder sogar jahrelang mit Disziplin und Durchhaltevermögen immer wieder erscheinen.

Wenn Sie die Reise, die Sie mit dem *Kurs* unternehmen, als eine Reise der Heilung vom Ego betrachten, könnten Sie versucht sein, sie ebenfalls durch die Brille einer sich summierenden Entwicklung zu betrachten, und den Mut verlieren. Das Ego mag zwar ein auf Illusionen beruhendes Glaubenssystem sein, aber wir haben schließlich Jahre gebraucht, um es zu lernen, sodass es mit Sicherheit auch Jahre dauern wird, es wieder zu *verlernen*. Oder doch nicht? Diese Annahme würde der Wahrheit entsprechen, wenn geistiges Wachstum an die Zeit gebunden wäre. Glücklicherweise ist das jedoch nicht der Fall.

ICH BIN ist immer Gegenwart

Im *Kurs* heißt es, dass der Zustand der Gnade, der Ihr geistiges Zuhause ist, immer *jetzt* ist: eine vertikale Achse von Augenblicken, in denen die einzigen Dinge, die Sie an die Vergangenheit oder an die Zukunft binden, in Ihrem eigenen Geist sind. Wenn die WIRKLICHKEIT also als *jetzt* und Heilung als *ein Wechsel in der Wahrnehmung* definiert wird, wo anders kann dieser Wechsel in der Wahrnehmung dann geschehen als in der Gegenwart? Deshalb ist die Heilung von der Angst, der Depression und der Sorge des Egos nicht von dem abhängig, was Sie in der Vergangenheit getan haben oder in der Zukunft tun werden. Ihre GRÖSSE rührt nicht daher, dass Sie etwas erreichen, was Sie nicht haben, sondern daher, dass Sie erkennen, was Sie bereits sind. Das macht den Weg des *Kurses* zu einer Wahl, die Sie von Moment zu Moment treffen und die darin besteht, sich für den Lehrer der LIEBE und nicht für den Lehrer der Angst zu entscheiden. Das können Sie – *jetzt* – ebenso leicht tun wie jemand, der jahrzehntelang die Weisheit der Erleuchtung studiert hat.

> **Denn nur „jetzt" ist hier, und nur „jetzt"
> bietet die Gelegenheit für die heiligen Beziehungen,
> in denen die Erlösung gefunden werden kann.**
>
> (T-13.IV.7:7)

Sie sind, so heißt es im *Kurs*, die heilige Wohnstatt Gottes, und alles, was zwischen Ihnen und der reinen Freude steht, ist Ihr Unwille, es zu glauben. Wenn Sie es glauben *würden*, würde es Sie dann immer noch so begierig nach den Dingen verlangen, die Sie „eines Tages" glücklich machen werden? Nur wenn Sie Ihre eigene Macht verleugnen, können Sie die Schönheit *dieses* Augenblicks als bloßes Sprungbrett für den nächsten Augenblick betrachten und so wenig Vertrauen haben, dass das, was Sie nicht haben, Ihnen besser erscheint als das, was Sie haben. *Freude* entsteht, wenn dieses und alle anderen Hindernisse des Egos fortfallen.

Liebe und Freude sind eins

Da wir in diesem Buch sehr viel Zeit auf die LIEBE verwendet haben, lohnt sich am Schluss der Hinweis, dass im *Kurs* die LIEBE und die Freude eins sind. Denken Sie nach allem, was wir bisher gelernt haben, einmal über die Bedeutung nach, die diesem Satz zukommt. Wenn unsere Funktion darin besteht, *Heilung* zu erlangen, und wenn Heilung darin besteht, LIEBE *auszudehnen*, und wenn LIEBE *gleichbedeutend mit Freude ist*, dann bedeutet das konkret, dass die *Freude ebenso heilt*, wie es die LIEBE tut. Wenn wir zu der Stelle im *Kurs* zurückkehren, an der es heißt, dass unsere Funktion darin besteht, das „Licht der Welt" zu sein (Ü-I.61.5:3), kann dies also auch so gedeutet werden, dass unsere Funktion darin besteht, die *Freude* der Welt zu sein.

Ich wiederhole es noch einmal: Unsere Funktion besteht darin, die Freude der Welt zu sein.

Wenn wir annehmen, dass wir die Freude in der gleichen Weise finden, wie wir dem *Kurs* zufolge die LIEBE finden, dann bedeutet das, dass ungeachtet des Berufs, den Sie ausüben, Ihre wichtigste „Berufung" (T-1.III.1:10) darin besteht, von Moment zu Moment alles zurückzuweisen, was *nicht* Freude ist. Wie bei der LIEBE geschieht auch dies durch eine tägliche Praxis der *Vergebung*, die Sie selbst und alle anderen Menschen einschließt. Sie baut eine Widerstandskraft in Ihnen auf, die imstande ist, die gesamte Bandbreite des Lebens in sich aufzunehmen. Wenn Sie lernen, zu vergeben oder über die, wie es im *Kurs* heißt, „winzig kleine Wahnidee" (T-27.VIII.6:2) des Egos zu *lachen*, dann entdecken Sie mit der Zeit, dass Sie die liebevollen, glücklichen und feierlichen Momente im Leben tiefer und mit einem höheren Maß an Gegenwärtigkeit empfinden, während Sie alle negativen und unangenehmen Erfahrungen weniger wichtig nehmen und ihnen emotional weniger verhaftet sind.

Jede Minute und jede Sekunde gibt dir eine Gelegenheit, dich zu erlösen. Lass dir diese Gelegenheiten nicht entgehen, nicht deshalb, weil sie nicht wiederkehren werden, sondern weil es unnötig ist, die Freude aufzuschieben.

(T-9.VII.1:6–7)

Es lohnt sich, an dieser Stelle einmal darüber nachzudenken, ob Ihr tägliches Verhalten am Arbeitsplatz die folgende Bewährungsprobe bestehen würde. *Bringen Ihre Gedanken und Ihr Handeln Sie der Freude näher oder sorgen sie dafür, dass Sie sich von ihr entfernen?* Die Antwort erfahren Sie übrigens, wenn Sie sich fragen, ob Sie anderen Menschen ein eher höheres oder ein eher geringeres Maß an Liebe entgegenbringen. Wenn Sie Ihre Fähigkeit, LIEBE zu schenken, zurückhalten, halten Sie auch Ihre Fähigkeit zurück, Freude zu erfahren. Es ist tatsächlich so einfach.

Dies kann Ihnen als Erfolgsbarometer in allen Lebensbereichen dienen, ist für Ihre berufliche Laufbahn jedoch von besonderer Bedeutung, weil es ohne Verbindung keine Zusammenarbeit, ohne Liebe keine Verbindung und ohne Freude keine Liebe geben kann. Denken Sie daran: *Jeder* Mensch, dem Sie begegnen – auch die, mit denen Sie nur deshalb Umgang haben, weil sie Ihnen am Arbeitsplatz als Ihr Vorgesetzter, Mitarbeiter oder Kollege begegnen –, bietet Ihnen eine Chance, die wechselseitige Verbundenheit aller Dinge zu erkennen. Dies ist das Geheimnis *Ihrer* Freude und *Ihres* Einflusses. Es mag zwar nicht der schnellste Weg an die Spitze sein, ist aber das bei weitem stärkste Fundament für die Reise, auf die Sie sich begeben haben.

Denken Sie einmal einen Moment lang darüber nach, was es bedeuten würde, eine berufliche Laufbahn anzustreben, in der die *Freude* der Maßstab Ihres Erfolges ist. Wir fühlen uns ganz eindeutig wohler, wenn wir unsere Arbeit durch die Augen der Angst betrachten: Habe ich genügend Geld? Werde ich genügend beachtet? Das muss jedoch nicht so sein. Der *Kurs* fordert Sie sanft zu der Erkenntnis auf, dass die Welt so einfach sein kann wie die Einsicht, dass Sie sich für das Ego entschieden haben, wenn Sie nicht im Frieden sind, und dass Sie sich für die LIEBE entschieden haben, wenn Sie Freude erfahren.

Wünschen Sie sich die LIEBE nicht.
Seien Sie die LIEBE.

Wie Sie sich vielleicht aus der Einleitung zu diesem Buch erinnern, wollte ich auch deshalb über spirituelle Weisheit schreiben, um meinen Klienten die Möglichkeit zu geben, sogar in sehr schmerzhaften Lebenssituationen inneren Frieden zu erfahren. Zufälligerweise fand ich mich nur wenige Monate, nachdem ich mit der Arbeit begonnen hatte, durch den plötzlichen Tod meiner geliebten Großmutter selbst in einer äußerst schmerzhaften Situation wieder. Es gibt keine Worte, die meine Verehrung und meine Dankbarkeit ihr gegenüber zum Ausdruck bringen könnten.

Jeder, der schon einmal einen solchen Verlust erfahren hat, weiß, dass dies die Momente sind, in denen das Leben plötzlich überscharf in den Mittelpunkt rückt und sich endlich erweist, dass die Verbindung zu anderen Menschen alles ist, was wirklich zählt. Am Abend vor ihrem Tod, nachdem alle Zugänge entfernt worden waren und das einzige Geräusch im Krankenzimmer das unablässige Summen eines Sauerstoffgerätes war, kroch ich zu meiner Großmutter ins Bett und lag über eine Stunde lang neben ihr. Weil ich ahnte, dass dies unser endgültiger Abschied sein würde, legte ich den Kopf auf ihre Schulter, schlang die Arme um ihre Taille und sagte ihr unter Tränen, wie sehr ich sie liebte.

Sie fragen nun vielleicht, wo in dieser Situation denn Frieden und Freude zu finden sind.

Während ich in dem abgedunkelten Raum neben meiner Großmutter lag und auf den flackernden Bildschirm des stumm geschalteten Fernsehers starrte, dachte ich an die Worte aus dem *Kurs*, auf die ich in diesem Buch immer wieder verwiesen habe: „Nichts Wirkliches kann bedroht werden. Nichts Unwirkliches existiert." (T-Vorwort) Mir kam der Gedanke, dass ich zwar ihre *Form* in dieser Welt nicht mehr sehen würde, ihre *Liebe* aber dennoch für mich verfügbar war, wann immer *ich* mich dafür entschied, ihr Ausdruck zu verleihen und sie mit anderen Menschen zu teilen. Obwohl ich sie selbst vermissen würde – ja, ich vermisse sie, ich vermisse *ihre* Augen, *ihr* Lachen und *ihre* Umarmungen –, würde die Liebe, deren Ausdrucksform sie war, dennoch gegenwärtig sein, weil *ich* sie in mir trug. Dieser Teil von ihr ist nicht fort, nur weil sie fort ist. Wenn ich mich mit ihr verbinden will, brauche ich lediglich eine Ausdrucksform der Liebe zu sein, die sie für andere Menschen verkörpert. Dies ist der Kreislauf aus wechselseitiger Verbundenheit mit allem Sein und spiritueller Intelligenz, den wir von Anfang an immer wieder angesprochen haben. Es ist eine Grösse, die sowohl gegenwartsnah als auch transzendent ist, und Sie entdecken sie *überall*, weil Sie sich entschieden haben, sie in *allen* zu sehen. *Ich bin* meine Großmutter, und Sie sind es auch. Nicht morgen. Nicht in sechs Monaten oder in einem Jahr. Sondern genau jetzt, in diesem Augenblick. Nichts anderes existiert.

Wenn Sie diese Form von metaphysischer LIEBE begreifen und verkörpern, haben Sie nicht nur den richtigen Weg gefunden, das Wunder in Ihren eigenen Problemen zu entdecken, sondern auch den richtigen Weg, *Ein Kurs in Wundern* zu lehren. Dies *ist* Führungsstärke. Auch hier gilt, dass es nicht die Tiefe des Schmerzes verringert, mit dem Sie konfrontiert sind, und Sie ebenso wenig davon befreit, notwendige Trauerarbeit zu leisten oder aktiv zu werden, wenn dies erforderlich ist. Gleichzeitig ist es aber auch die Perspektive, die es Ihnen ermöglicht, jeden Tag ein sanftes Lächeln und würdevolle Gelassenheit als Beweis dafür an den Tag zu legen, dass Sie nicht gebrochen werden können – und *das* ist das wahre Wunder, das hier am Werk ist.

Um das höchste Wohl bitten

Ich habe dieses Konzept kürzlich in Aktion gesehen, als eine meiner Klientinnen mitten in einer äußerst stressigen Situation einen wunderbaren Moment der Stärke und der Führungskraft erlebte. Es handelte sich um die stellvertretende Direktorin eines Fortune-500-Unternehmens. Sie hatte diese Position seit zehn Jahren inne und in der ganzen Zeit ausschließlich positive Leistungsbeurteilungen erhalten. Trotzdem musste sie sich aufgrund einer Umstrukturierung innerhalb des Unternehmens auf ein erneutes Bewerbungsgespräch für ihre eigene Position vorbereiten und zusätzlich noch gegen andere Mitbewerber antreten. Ich brauche wohl nicht zu erwähnen, dass sie enttäuscht war, aber neben der Enttäuschung stieg noch eine Flut anderer Emotionen in ihr hoch, zu denen Nervosität, Verunsicherung und Verärgerung gehörten und die sie zunehmend weniger verbergen konnte.

„Ich glaube, Sie sollten beten", sagte ich ihr. „Bitten Sie jedoch nicht darum, Ihre Position zu behalten. Bitten Sie um das höchste Wohl für alle Beteiligten."

Das war meiner Klientin erst ein wenig zu passiv, aber schließlich wurde ihr klar, dass das, worum sie wirklich bat, weder mit Apathie noch mit Gleichgültigkeit zu tun hatte. *Schließlich bat sie um ein Wunder.* Natürlich hätten wir viel Zeit damit verbringen können, uns beispielsweise durch Rollenspiele oder die Beantwortung möglicher Fragen im Bewerbungsgespräch mit den Äußerlichkeiten ihrer Situation zu beschäftigen. Diese Herangehensweise wäre zwar auch sinnvoll gewesen, hätte sich aber lediglich an der Oberfläche mit ihrem Problem auseinandergesetzt. Das hätte dazu geführt, dass selbst dann, wenn alles, was sie im Gespräch *sagte*, mustergültig war, jeder es sofort spüren würde, sobald auch nur ein Hauch von Konkurrenzdenken in ihren Worten mitschwang. (Dies galt übrigens auch für den ungezwungeneren Umgang mit ihren Mitarbeitern in den Tagen vor dem Bewerbungsgespräch. Wenn ihre Mitarbeiter ihre Ängste gespürt hätten, wäre ihre Führungspräsenz kompromittiert gewesen und hätte möglicherweise dem Verlauf des Bewerbungsgesprächs geschadet, bevor es überhaupt stattgefunden hatte.)

Dadurch, dass meine Klientin „um das höchste Wohl" bat, gelang es ihr, sich von dem zu lösen, was sie nicht kontrollieren konnte, nämlich den Ausgang des Gesprächs, und sich wieder mit dem zu verbinden, worüber sie die Kontrolle besaß, nämlich damit, ihre eigenen Egogedanken aufzulösen. Das versetzte sie in die Lage, gelassener in das Gespräch hineinzugehen, was wiederum dazu führte, dass sie klarer denken konnte, und letztlich zur Folge hatte, dass sie ihre Position behielt.

Dies ist ein weiteres Beispiel für die LIEBE am Arbeitsplatz, wie der *Kurs* sie definiert. Meine Klientin „liebte" nicht durch eine ostentative Demonstration der Zuneigung zu ihrem Vorgesetzten oder ihren Kollegen, die nicht authentisch war. Sie liebte, indem sie sich der Gedanken in ihrem Geist gewahr wurde, die Kleinheit widerspiegelten, und sich weigerte, ihr Verhalten von diesen Gedanken in Beschlag nehmen zu lassen. Weil sie umfassend vorbereitet, gleichzeitig aber auch mit einer Energie der Akzeptanz, der Einwilligung und, ja, sogar der *Freude* in ihr Bewerbungsgespräch hineinging, sorgte sie dafür, dass sie auf ganz natürliche Weise die attraktivste Kandidatin für die Position war.

Nach außen hin mag es so scheinen, als ob diese Geschichte und mein Bericht vom Tod meiner Großmutter wenig gemeinsam hätten. Ein genauerer Blick offenbart jedoch, dass sie beide den Beweis dafür liefern, dass es, weil es keine Rangordnung der Schwierigkeit bei Wundern gibt, auch kein Problem gibt, das Ihre GRÖSSE nicht zu lösen vermag.

Eine Einladung zur Freude

Wir üben heute, uns dem Licht in uns zu nähern.
Wir nehmen unsere umherschweifenden Gedanken und
bringen sie sanft dorthin zurück, wo sie sich mit allen
Gedanken decken, die wir mit GOTT teilen. Wir wollen sie nicht
umherschweifen lassen.

(Ü-I.188.9:1–3)

Und nun ist die Reihe an Ihnen, dem Licht näher zu kommen. Das Buch hat Ihnen praktische Übungen an die Hand gegeben, die Ihnen dabei helfen, sich wieder mit dem Frieden zu verbinden, der stets Ihre Heimat gewesen ist. Wenn Sie diese Konzepte auf Ihr eigenes Leben anwenden, denken Sie daran, dass die Freude das Erkennungszeichen Ihres Erfolges ist. Wenn Sie über ein Urteil lachen, berauben Sie es seiner Kraft. Wenn Sie sich für die LIEBE entscheiden, lösen Sie die Angst auf. Und wenn Sie feststellen, dass Ihre Gedanken wandern, bringen Sie sie sanft zurück in dem Wissen, dass Ihr Weg zum Frieden darin besteht, das UNVERÄNDERLICHE in allem zu sehen, in die Fußstapfen der Vergebung zu treten und dem Urteil in Ihrem Geist keinen Raum zu geben. *Wollen Sie nicht lieber diese Prinzipien zu Ihrem Kompass machen?* Wenn Sie zustimmen, stellen Sie Ihre innere Führung in den Mittelpunkt Ihrer Karriere. Das Gefühl von Weisheit und Mitgefühl, das Sie dann erfahren, kann nur als unerschütterlich bezeichnet werden. Es mag Ihnen vielleicht nicht gelingen, Ihre Situation unmittelbar zu verändern, aber Sie können sich inmitten von *allem*, was Ihnen das Leben bringt, an Ihre GRÖSSE erinnern – und froh sein. Machen Sie also dies zu Ihrem *einen Prüfstein*: die vollkommene Gnade und die vollständige Freiheit von Angst zu finden, die durch Ihre Entscheidung für die LIEBE von Moment zu Moment für Sie verfügbar ist. Wenn Sie diese Prüfung – und sei es auch nur für einen kurzen Augenblick – bestehen, dann haben Sie auch diesen *Kurs* bestanden.

KURSARBEIT: Wunder wirken

... das, was dein ist, wird zu dir kommen,
wenn du bereit bist.

(T-24.VII.8:2)

Ist Ihnen schon einmal aufgefallen, dass unser Leben oft sprichwörtlich in Schutt und Asche gelegt wird, ehe etwas ganz Neues und viel Größeres entsteht? Zuerst sehen Sie nur die Trümmer dessen, was war, aber wenn der Staub sich endlich gelegt hat, erkennen Sie, dass das, was Sie verloren haben, nur eine Entwicklung verhindert hat, die Ihnen letztlich besser dienen wird. Im *Kurs* wird dies als eine „Phase des Aufhebens" bezeichnet. (H-4.I.3:1)

Das braucht nicht schmerzhaft zu sein, wird aber gewöhnlich so erfahren. Es scheint, als würden Dinge weggenommen, und anfangs wird selten verstanden, dass lediglich ihr Mangel an Wert begriffen wird.

(H-4.I.3:2–3)

Ich habe vor einigen Jahren selbst eine solche Phase des Aufhebens durchlebt, nachdem ich mein Online-Coaching-Unternehmen gegründet hatte. Die freudige Erregung, die damit verbunden war, selbständige Unternehmerin zu sein, wurde schon sehr bald dadurch verdunkelt, dass die Resonanz auf meine Angebote – bestenfalls – als lauwarm bezeichnet werden konnte. Das war vor allem deshalb frustrierend, weil ich härter als jemals zuvor gearbeitet und Produkte geschaffen hatte, auf die ich wirklich stolz war. Trotzdem lief es einfach nicht. Etwa um diese Zeit hatte ich ein Gespräch mit der *Kurs*-Lehrerin Gabrielle Bernstein, und als ich ihr berichtete, in welcher Situation ich mich befand, erteilte sie mir einen Rat, den ich nie vergessen habe.

„Du tust es deinetwegen", sagte sie, „aber es geht hier nicht um dich."

In diesem Moment erkannte ich, dass ich viel zu viel Zeit und Energie auf die *Ergebnisse* verwandt hatte: wie viele Einheiten verkauft wurden, wie viele Leute die letzte E-Mail geöffnet hatten, wie viele Kommentare es zu jedem Beitrag gab. Dabei hatte ich allmählich die Verbindung zum *dienenden* Aspekt der Arbeit selbst verloren. Gabrielle hatte Recht. Ich tat, was ich tat, meinetwegen und versäumte dadurch die größere und wichtigere Chance, anderen Menschen etwas von Wert anzubieten. Kein Wunder, dass nichts passierte.

Als ich überlegte, was ich ändern konnte, kam mir immer wieder ein Gebet in den Sinn, das ziemlich am Anfang des *Kurses* steht:

Ich bin nur hier, um wahrhaft hilfreich zu sein.
Ich bin nur hier, um IHN zu vertreten,
DER mich gesandt hat.
Ich brauche mich nicht zu sorgen,
was ich sagen oder tun soll, denn ER,
DER mich gesandt hat, wird mich führen.
Ich bin zufrieden, dort zu sein, wo immer ER
es wünscht, in der Erkenntnis,
dass ER mit mir dorthin geht.
Ich werde geheilt, indem ich mich von IHM lehren lasse,
wie man heilt.

(T-2.V.18:2–6)

Ich entdeckte, dass ich durch die tägliche Wiederholung dieses Gebets unmittelbar zu einer dienenden Einstellung gelangen konnte, die nicht nur für meine Online-Coaching-Kurse hilfreich war, sondern auch meine Sorgen und Ängste in Bezug auf andere Projekte auflöste, bei denen ich sehr stark unter Druck stand. So war ich beispielsweise immer hochgradig nervös, wenn ich öffentlich sprechen sollte. Als ich mich fragte, *warum* das so war, erkannte ich, dass ich auch hier dem kleinen Selbst erlaubt hatte, mir in die Quere zu kommen. Der *wirkliche* Druck rührte von meiner Angst davor her, dass andere Menschen über mich urteilen könnten. *Was, wenn ich vergesse, was ich sagen will? Was, wenn meine Stimme zittert? Was, wenn mein Gesicht rot und fleckig wird? Was, wenn ...? Was, wenn ...? Was, wenn ...?*

Es ist offensichtlich, dass jede Situation, die dich besorgt
macht, mit Gefühlen der Unzulänglichkeit einhergeht, denn
sonst würdest du glauben, dass du erfolgreich mit der
Situation umgehen kannst.

Nicht indem du dir selbst vertraust,
wirst du Vertrauen gewinnen.

(Ü-I.47.5:2–3)

Die Erfahrungen, die ich selbst in diesen beiden am Arbeitsplatz durchaus üblichen Szenarien gemacht habe – nämlich nicht die Ergebnisse zu erzielen, die man sich wünscht, und ängstlich zu werden, wenn man in einer Situation stark unter Druck steht –, sind zwei Formen ein und desselben vom Ego gesteuerten Teufelskreises. Sorgenvolle Gedanken brachten mich dazu, meine GRÖSSE zu vergessen. Das führte dazu, dass ich mich allein fühlte und glaubte, dass andere Menschen über mich urteilten, was meine Sorgen natürlich weiter vergrößerte und die Angst wieder neu aufflammen ließ. Wenn ich also unmittelbar vor einem öffentlichen Vortrag oder vor einer Coaching-Sitzung einen ruhigen Ort fand, um mich mit Hilfe des obigen Gebets zu zentrieren, konnte ich mein Egodenken entschärfen, indem ich zu der Erkenntnis gelangte, dass meine Funktion vor allem anderen darin bestand, die LIEBE auszudehnen.

In welchen Arbeitsbereichen tun Sie das, was Sie tun, um Ihrer selbst willen? Können Sie bei einem vergangenen, aus damaliger Sicht niederschmetternden Ereignis heute im Rückblick erkennen, dass es in Wirklichkeit ein Geschenk war? Wie können Sie das obige Gebet aus dem *Kurs* in Ihre Arbeit integrieren und Ihr Denken von einer Einstellung des Nehmens hin zu einer Einstellung des Gebens verändern? Bitte nehmen Sie sich ein wenig Zeit, um nachfolgend zu notieren, was Ihnen als Antwort auf diese Fragen in den Sinn kommt.

_____

_____

_____

_____

_____

_____

_____

_____

_____

WICHTIGE ZITATE

- Der HEILIGE GEIST ist der Geist der Freude. (T-5.II.2:1)

- Einige Minuten lang lass deinen Geist von all den törichten Spinnweben gesäubert werden, in die die Welt den heiligen SOHN GOTTES einspinnen möchte. (Ü-I.139.12:2)

- Übe ernsthaft, und die Gabe ist dein. (Ü-I.164.9:5)

- Vergib, und lasse dir vergeben. Wie du gibst, so wirst du empfangen. Es gibt keinen Plan außer diesem für die Erlösung von GOTTES SOHN. (Ü-I.122.6:3-5)

Epilog

EINE NEUE SEINSTIEFE

V or einigen Jahren reiste ich mit einem früheren Vorgesetzten und Mentor nach Huntington im amerikanischen Bundesstaat West Virginia. Bob war der Gründer einer Wirtschaftsprüfungsgesellschaft, die vor kurzer Zeit von einem größeren Unternehmen aufgekauft worden war, aber statt in den wohlverdienten Ruhestand zu gehen, hatte er beschlossen, Studenten an der Universität zu unterrichten, an der ich an diesem Abend einen Vortrag halten sollte.

Bei meiner Ankunft auf dem Campus war ich sehr erfreut, aber nicht überrascht, dass viele Studenten sofort zu mir kamen, Bob als den „besten Professor" priesen, den sie jemals gehabt hatten, und mir erklärten, ich könne mich „glücklich" schätzen, dass ich mit ihm gearbeitet hatte. Ich wusste, wovon sie redeten. Bob gehört zu den extrem rar gesäten Kollegen, die fähig sind, andere Menschen mit der größtmöglichen Güte an die Grenzen ihres Potenzials zu führen.

Auf dem Heimweg fiel mir eine weiße CD-Hülle ins Auge, die aus dem Staufach der Mittelkonsole hervorlugte und auf deren Vorderseite von Hand das Wort „Wunder" geschrieben stand. Als ich ihn fragte, was er da höre, erklärte Bob zögernd, dass er auf seinem täglichen Weg zur und von der Universität „ein Buch mit dem Titel *Ein Kurs in Wundern*" höre.

„Ich kenne das Buch", lächelte ich. „Wie lange bist du schon Schüler?"

„Ich weiß es nicht genau", antwortete Bob, „aber ich schätze, dass es mindestens zwanzig Jahre sind."

In diesem Augenblick hatte ich das Geheimnis von Bobs Erfolg entschlüsselt. Ich verstand sofort, warum die Entwicklung anderer Menschen ihm so sehr am Herzen lag, warum er niemals ungeduldig oder aufgeregt schien und warum er trotz der Dinge, die er erreicht hatte, so demütig geblieben war.

Bob verkörpert die Art von Führungspersönlichkeit, zu der uns der *Kurs* aufruft. Er trägt seinen Glauben nicht zur Schau. Wir haben zehn Jahre zusammengearbeitet und nie über dieses Thema gesprochen. Dennoch verkörpert er unstreitig die spirituelle GRÖSSE, um die es in diesem Buch geht. Bob und mit ihm viele andere Menschen sind der Beweis dafür, dass man seine innere Erfahrung achten und sich gleichzeitig effektiv in der Welt einbringen kann.

Trotz der Tatsache, dass insbesondere die westlichen Kulturen dazu neigen, diese Konzepte gegeneinander abzugrenzen, bin ich sicher, dass Sie, wenn Sie dieses Buch lesen, ebenfalls aus einer spirituellen Mitte heraus leben und führen wollen – und Sie sind nicht allein. Unzählige Menschen schauen auf die alten Paradigmen beruflichen Erfolges und fragen sich, welche anderen Möglichkeiten es gibt. Sie suchen nach einem tieferen Sinn und werden angetrieben von der berüchtigten Frage, vor der man an jeder Weggabelung steht: *Ist es das?*

Menschen, die bereits mit ihrer GRÖSSE in Kontakt gekommen sind, flüstern leise: *„Nein. Es gibt noch etwas anderes, das unsichtbar ist."* **Dies sind die Wunderwirkenden.** Es sind diejenigen, die auf eine zunehmend zwiegespaltene, unsichere Welt schauen und einen besseren Weg weisen. Wunderwirkende sind die Lehrer der LIEBE. Wie Bob kündigen auch sie sich oft nicht als das an, was sie sind, und ihre Stimmen rufen nicht laut, um gehört zu werden. Dennoch sind sie auch jetzt in Ihrer Nähe, und Sie erkennen sie an ihrem häufigen Lächeln, an ihren ruhigen Augen, an ihrer heiteren Stirn und an ihrer Art, in dieser Welt zu leben, die „nicht hier ist, auch wenn sie es zu sein scheint." (Ü-I.155.1:1–3)

**Sie kommen von überall her auf der Welt.
Sie kommen von allen Religionen und von keiner Religion.
Sie sind diejenigen, die geantwortet haben.**

(H-1.2:1–3)

169

Wunderwirkende antworten auf den Ruf, indem sie das, was sie gelernt haben, mit anderen Menschen teilen. Sie erzwingen keine spirituelle Diskussion, halten jedoch einen Raum dafür offen, da sie wissen, dass nur der REINE GEIST das Herz transformieren kann. Ihre Worte lehren die LIEBE, und ihre Präsenz ist eine Einladung, in die „erhellten Fußstapfen" der Vergebung zu treten. (Ü-I.134.14:3)

Heute – in Wirklichkeit in jedem Augenblick – ertönt ein neuer Ruf nach Lehrern. Wenn Sie an Ihrem Arbeitsplatz darauf achten, können Sie ihn hören. Jede turbulente Unterhaltung, jeder ungeduldige Meinungsaustausch, ja, sogar ein banaler Seitenblick birgt eine Bitte um LIEBE in sich, die allen *außer* den Wunderwirkenden verborgen bleibt. Sie besitzen die geistige Schau, die sie in die Lage versetzt, auf diese Bitten zu antworten, indem sie die LIEBE ausdehnen und die Angst ignorieren. Wie ich bereits gesagt habe, ist hier eine Superkraft am Werk, und das bedeutet, dass die Lehrer der LIEBE wahre Superhelden sind. Sie mögen nicht so schnell wie Superman sein, haben aber dennoch die Macht, die Welt zu retten.

Diese Macht haben auch Sie, aber nur dann, wenn Sie sich den Botschaftern der LIEBE anschließen, indem Sie in der ganzen Fülle Ihrer GRÖSSE stehen und alle Kleinheit zurückweisen. Wenn Sie dazu bereit sind, können Sie in diesem Augenblick Ihre Arbeit als Wunderwirkender aufnehmen. Es gibt keine Verse, die Sie auswendig lernen, keine Rituale, an denen Sie teilnehmen, und niemanden, den Sie rekrutieren müssen. Um Ihre Rolle als Wunderwirkender anzunehmen, brauchen Sie lediglich Ihre eigenen Gedanken der Trennung, des Urteils, der Verletztheit, der Sorge, des Vergleichs, des Angriffs und des Mangels dem HEILIGEN GEIST zu bringen und sie von IHM in Vergebung verwandeln zu lassen. Das ist alles. Sie brauchen nicht den Beruf zu wechseln, und Sie brauchen ganz gewiss keinen Umhang, um sich selbst oder jemand anderen vor dem Ego zu retten. Ihre Präsenz *ist* die Alternative.

**Kann der Welt Erlösung ein banales Ziel sein?
Und kann die Welt erlöst werden,
wenn du es selbst nicht wirst?**

(Ü-I.20.3:4–5)

Warten Sie also nicht bis morgen, um die weise, mitfühlende, freudig ge-
stimmte Führungspersönlichkeit zu sein, die Sie in dieser Welt verkörpern
wollten. Nehmen Sie den Ruf, ein Wunderwirkender zu sein, jetzt an – nicht
nur um Ihrer selbst, sondern auch um der Menschen in Ihrer Umgebung
willen, deren GRÖSSE viel zu lange verwaist war. Sie werden die WAHRHEIT
über sich erkennen, wenn sie dieses Licht in Ihnen und in anderen Menschen sehen. Und wenn jede Illusion von Trennung verschwunden ist und
nur die LIEBE und nichts als die LIEBE bleibt, werden Sie erkennen, dass *dies*
Ihre wahre Karriere ist.

Auf Ihre GRÖSSE,
Emily

Wie gehe ich damit um?

ANTWORTEN AUF IHRE FRAGEN ZU WUNDER GESCHEHEN IN JEDEM AUGENBLICK

Die nachfolgenden Fragen wurden mir von Schülern des *Kurses* und von Klienten gestellt, und ich möchte sie mit Ihnen teilen, um das Gespräch fortzusetzen, das wir in diesem Buch begonnen haben. Manche dieser Fragen beziehen sich auf ganz konkrete Situationen am Arbeitsplatz, während es bei anderen um einen übergeordneten Ansatz in Verbindung mit einer allgemeineren Anwendung der Prinzipien des *Kurses* geht. Ich hoffe, dass die angebotenen Informationen hilfreich für Sie sind, wenn es darum geht, die Prinzipien des *Kurses* ganz praktisch in Ihren eigenen beruflichen Weg zu integrieren. Wenn Sie selbst eine Frage stellen und sich der ständig wachsenden Gemeinschaft von Schülern des *Kurses* anschließen möchten, so können Sie dies auf meiner Website tun: www.miraclesatworkbook.com

F: *Woher weiß ich, dass der Kurs die transformative Wirkung auf meine Arbeit und meine berufliche Laufbahn hat, die ich anstrebe?*

Sie wissen, dass der *Kurs* funktioniert, wenn Sie im Frieden sind. Das bedeutet, dass Sie in der Lage sind, am Arbeitsplatz ungeachtet der Umstände oder des Chaos, das Sie umgibt, eine tiefe geistige Ruhe zu bewahren. Dieses Gefühl von Frieden kann sich auf unterschiedliche Weise einstellen.

Die meisten Schüler haben ihr erstes *Aha*-Erlebnis, wenn sie anfangen, ihr Egodenken zu beobachten, ohne darüber zu urteilen. Außerdem werden Ihnen auch immer häufiger die Momente auffallen, in denen Sie Ihren Frieden „loswerden", weil Sie einen Konflikt aktiv am Leben erhalten, indem Sie beispielsweise Öl ins Feuer Ihres Ärgers gießen, bis sich Ihr Zorn daran entzündet. Sie werden mit der Zeit immer weniger bereit sein, sich darauf einzulassen, sodass Ihre Führungspräsenz und Ihre emotionale Reife am Arbeitsplatz weiter wachsen.

Sie wissen auch, dass der *Kurs* eine positive Wirkung hat, wenn Sie daran denken, um einen heiligen Augenblick zu bitten, der Sie wie eine Brücke zur LIEBE zurückführt und Ihnen die geistige Schau bringt, die Sie brauchen, um Ihre eigene GRÖSSE und die GRÖSSE anderer Menschen über einen längeren Zeitraum zu sehen. Wenn Sie sich in dieser Hinsicht jemals verloren fühlen – wenn Sie also das Gefühl inneren Friedens am Arbeitsplatz nicht finden können –, dann denken Sie an den klassischen Karriere-Tipp: Ungeachtet dessen, wie sehr Sie Ihren Beruf lieben mögen, wird er Ihre Liebe dennoch niemals erwidern. Das bedeutet mit anderen Worten, dass das, wonach Sie wirklich suchen, die *Erfahrung* der Verbindung ist, die es nur zwischen *Menschen* geben kann. Deshalb ist dem *Kurs* zufolge Vergebung Ihre primäre Funktion und eine Praxis, die am Arbeitsplatz immer größere Kreise zieht. Vergebung ermöglicht die *Heilung des Geistes*, ein geheilter Geist ermöglicht *wahre Verbindung*, und wahre Verbindung ermöglicht *Leistung*.

F: Wie kann ich in einer Besprechung, in der es hitzig zugeht, ruhig und gelassen bleiben?

Zunächst einmal ist es immer dann, wenn Sie nicht im Frieden sind, an der Zeit, um ein Wunder zu bitten: *Bitte hilf mir, dies anders zu sehen. Lass mich diesen Bruder erkennen, wie ich mich selbst erkenne.* Bitten Sie so lange, bis Sie fühlen, dass die innere Emotion sich hebt und Sie in einen Zustand des Nichturteilens zurückkehren. Beachten Sie dabei jedoch, dass das Urteil des Egos für gewöhnlich in einer Verurteilung besteht, die sich von einem Urteil im Sinne des normalen alltäglichen Urteilsvermögens in Bezug auf Vorstellungen oder Dinge unterscheidet.

Ehe Sie sich zu irgendeinem Zeitpunkt in der Besprechung äußern, stellen Sie sich also die eine unschätzbar wertvolle Frage: *Wird die offene Kommunikation zwischen dem betreffenden Menschen und mir durch das, was ich jetzt sagen werde, gefördert oder behindert?* Sie können die Frage auch anders formulieren: *Wird meine Verbindung zu dem betreffenden Menschen durch das, was ich jetzt sagen werde, ausgedehnt oder zusammengezogen?*

Wie Ihnen vielleicht bereits aufgefallen ist, nimmt Ihre Impulsivität im Gespräch in dem Maße ab, in dem Ihre Wundergesinntheit zunimmt, sodass es auch zunehmend unwahrscheinlicher wird, dass Sie etwas sagen, was Sie anschließend bereuen. Es ist hilfreich, daran zu denken, dass der Moment, in dem der betreffende Mensch seinen Tonfall verschärft, *ein Zeichen dafür ist, dass Sie ihm nicht auf der Ebene zuhören, auf der er gehört werden möchte.* Wenn Sie zu der unter den Worten verborgen liegenden konkreten Angst vordringen können, die ihn antreibt, haben Sie eine weitaus größere Chance, in einer Besprechung wirklich zu kommunizieren, statt die Zeit zu vergeuden, indem Sie übereinander reden.

F: Ich habe Angst, aus meinem Ego heraus zu kommunizieren, sodass ich den Mund manchmal gar nicht aufmache, wenn ich das Gefühl habe, vor einer Konfrontation zu stehen. Wie kann ich am Arbeitsplatz für mich selbst eintreten und gleichzeitig LIEBEVOLL *sein?*

Es steht außer Frage, dass egoistisches Denken Ihre beruflichen Beziehungen durch Angriff und Schuldzuweisungen vergiften kann, aber das bedeutet in keiner Weise, dass eine liebevolle Antwort in Schweigen besteht. Je höher Sie auf der Karriereleiter emporsteigen, umso schwieriger werden natürlich auch die Gespräche, die Sie führen müssen, und wenn Sie sich zurückziehen oder nichts sagen, missachten Sie nicht nur Ihre eigene Entwicklung, sondern unterbrechen gleichzeitig auch die Entwicklung eines anderen Menschen.

Es kann hilfreich sein, nur über *Ihre* Erfahrungen zu sprechen, statt Vermutungen über die Beweggründe oder Absichten eines anderen Menschen anzustellen. Sagen Sie also nicht: „*Sie* haben die Kontrolle verloren", sondern: „*Ich* spüre hier eine gewisse Spannung." Ein weiteres Beispiel könnte darin bestehen, dass Sie ein Gespräch führen, in dessen Verlauf jemand aggressiv wird und Sie Sorge haben, dass Sie jeden Moment aus Ihrem Ego heraus reagieren könnten. Denken Sie in solchen Situationen daran, dass aus der Sicht des *Kurses* Ihre Macht in Ihrer GRÖSSE liegt und dass Wehrlosigkeit der Ausdruck dieser Macht ist. Das heißt, dass Ihre erste Reaktion – immer – darin besteht, um ein Wunder zu bitten, das es Ihnen ermöglicht, Ihren Frieden wiederherzustellen. Anschließend können Sie Ihre Erfahrung vielleicht einfach in Worte fassen: *„Wenn Sie so mit mir sprechen, fällt es mir schwer, einen Bezug zu dem zu finden, was Sie sagen."* Hier geht es darum, dass Sie Aggression nicht mit Aggression begegnen – dass Ihr Ego sich seinem Ego nicht entgegenstellt–, sondern dass Sie stattdessen *Ihre* Wahrheit so kommunizieren, wie Sie sie verstehen. Während Sie diese Werkzeuge einsetzen, denken Sie daran, auch in Ihrem eigenen Geist immer wieder um Hilfe zu bitten in dem Wissen, dass Sie sehr wahrscheinlich nicht durch eine konkrete Antwort, sondern stattdessen zu einer *Erfahrung* der LIEBE geführt werden, die es Ihnen ermöglicht, einem anderen Menschen zu vergeben. Streben Sie wie immer zuerst die *Verbindung* an und vertrauen Sie darauf, dass die richtigen Worte folgen werden.

F: Wie kann ich berufliche Ziele verfolgen und mich gleichzeitig in einem Raum der Offenheit und der Nicht-Anhaftung bewegen? Ich verstehe das Push-Pull-Prinzip, weiß aber einfach nicht, wie ich es am Arbeitsplatz einsetzen soll.

Das Push-Pull-Prinzip ist selbstverständlich nicht neu, sorgt am Arbeitsplatz aber für ein gewisses Maß an Verwirrung, weil Leistung dort häufig in Kennzahlen gemessen wird. Natürlich kreisen Unternehmen um Ziele, und das wird auch von „erfolgreichen" Mitarbeitern erwartet. Das Problem liegt natürlich darin, dass eine Überinvestition in die Ergebnisse und in den Zeitplan unserer Ziele ein extrem hohes Maß an Ängsten und Sorgen erzeugt, die uns immer tiefer im Egodenken verankern. Das erklärt, warum wir uns im Beruf gewohnheitsmäßig mit anderen Menschen vergleichen, warum wir uns unserer Träume häufig nicht würdig fühlen und warum so viele Menschen das nagende Gefühl haben, dass alle anderen wissen, wo es langgeht, während ihnen selbst nichts anderes übrigbleibt, als hinterherzulaufen.

Im *Kurs* heißt es: „Eine Hauptgefahr für den Erfolg ist deine Verstricktheit in deine vergangenen und zukünftigen Ziele." (Ü-I.181.4:1) Es ist also wichtig, daran zu denken, dass der *Kurs*, wenn er von „Erfolg" spricht, nicht den *äußeren* Erfolg meint. Er spricht von Erfolg in Form von innerem Frieden und einer Präsenz, die ganz natürlich nach außen strahlt, wenn Sie den Wahnvorstellungen des Egos widerstehen. Dies ist die spirituelle Bedeutung des Push-Pull-Prinzips am Arbeitsplatz. Wenn Sie keine äußeren Dinge mehr erreichen müssen, um in Frieden zu sein, verliert Ihr Verhalten seine Sprunghaftigkeit. Das hat zur Folge, dass andere Menschen stärker den Wunsch verspüren, sich in Ihrer Nähe aufzuhalten.

Das bedeutet natürlich nicht, dass Sie aufgefordert werden, Ihre Ziele vollständig aufzugeben. Es bedeutet lediglich, dass Ihr *erstes* Ziel in jeder Situation darin besteht, das Licht (die GRÖSSE) anzuerkennen, das Sie mit einem anderen Menschen teilen. Aus der Sicht des *Kurses* gibt es kein wichtigeres Ziel, das Sie sich jemals wünschen oder erreichen könnten. Demzufolge geht es hier – um *Ihres eigenen* Glücks und Erfolges willen – darum, den Schwerpunkt vom *Streben* auf das *Dienen* zu verlagern, bei dem Ihre Absicht ganz einfach darin besteht, in jedem Augenblick ein Gefäß für die Präsenz der LIEBE zu sein, statt unbedingt das bekommen zu wollen, wovon Sie glauben, dass Sie es brauchen.

Wie der *Kurs* wiederholt feststellt, besteht unser Problem tatsächlich darin, dass wir *nicht wissen*, was wir wirklich brauchen. Wir sind so sehr in unseren eigenen Zielen gefangen, dass wir nicht mehr wissen, dass Verbindung das ist, wonach wir letztendlich suchen. Deshalb entgehen uns häufig Dinge, die nicht nur besser zu uns passen würden, sondern oft auch größer sind als das, was wir uns im Moment für uns selbst vorstellen. Wenn Sie zu wissen glauben, was für Sie selbst am besten ist, dann suchen Sie, um es mit Rumis Worten auszudrücken, die diamantene Halskette, die Sie bereits um den Hals tragen.

Dieser Punkt gewinnt besonders an Bedeutung, wenn Sie mit Ihren beruflichen Zielen unzufrieden sind, weil Sie höchstwahrscheinlich schon versucht haben, alles aus eigener Kraft zu erreichen, und nichts funktioniert hat. Deshalb ist es nun an der Zeit, etwas anderes zu versuchen. Es ist an der Zeit, die Verhaftung an Ergebnisse, Ziele und Kontrolle loszulassen und sich stattdessen auf die Entwicklung einer wundergesinnten Geisteshaltung zu konzentrieren.

Kehren wir beispielsweise noch einmal zum heiligen Augenblick zurück. Wenn Sie sich die Entfernung zwischen dem Ort anschauen, an dem Sie jetzt stehen, und dem Ort, an dem Sie stehen möchten, können Sie ganz einfach sagen: „Ich brauche ein Wunder." Dieser eine Schritt öffnet Sie automatisch für etwas Neues, denn im Grunde genommen sagen Sie damit: „Ich kann meinem eigenen Urteil in dieser Situation nicht vertrauen." Dies ist aus spiritueller Sicht eine ganz wunderbare Nachricht, weil die Bereitschaft, Ihr altes Denken aufzugeben, das ist, was Raum für einen neuen Weg entstehen lässt. *Es bedeutet mit anderen Worten, dass Sie nicht wirkungsvoll um Hilfe bitten können, wenn Sie gleichzeitig glauben, die Antwort bereits zu kennen.* Deswegen ist der Verlass auf Ihr eigenes Urteil grundsätzlich unvereinbar mit einem heiligen Augenblick. Der Versuch gleichzeitiger Kontrolle *und* Hingabe erzeugt die Art von geistiger Verwirrung, die dafür sorgt, dass Sie auch weiterhin Krieg gegen sich selbst führen. Im *Kurs* heißt es hierzu: „Wenn du auf deine eigene Stärke vertraust, hast du allen Grund, besorgt, ängstlich und furchtsam zu sein." (Ü-I.47.1:1)

Wenn es darum geht, Ihre beruflichen Ziele zu verwirklichen, besteht die Lösung also nicht darin, etwas zu *wollen*, sondern vielmehr darin, etwas zu *werden*. Das heißt, dass Sie Ihre Karriere als Götzen loslassen und Fragen, in denen es darum geht, was Sie „brauchen", durch die weit bessere Frage ersetzen: *Wer bin ich in diesem Augenblick?* Wenn Sie sich *heute* in Ihrer vollen GRÖSSE zeigen, dann ist es morgen nicht nur möglich, dass Sie Ihren Erfolg ausbauen – es ist unvermeidlich.

F: Ein wichtiges Geschäft, an dem ich gearbeitet habe, ist gerade – nicht durch meine Schuld! – geplatzt, und ich bin frustriert und niedergeschlagen. Ich habe Angst, dass ich meine Quartalszahlen nicht erreiche, und das versetzt mich regelrecht in Panik. Wie kann ich meinen Frieden wiederfinden?

Da jede Erfahrung mit einem Gedanken beginnt, haben Sie auch hier die Macht, Ihre Erfahrung einfach dadurch zu verändern, dass Sie Ihr Denken darüber verändern. Nehmen Sie beispielsweise die Projektion wahr, wenn Sie denken, dass etwas „nicht meine Schuld" ist. Ein unvorhergesehenes Ereignis hat negative Auswirkungen auf Ihr Ergebnis. Solange Sie sich jedoch als „Opfer" dieses Ereignisses betrachten, erschaffen Sie tatsächlich die Realität, in der Sie Ihre Macht aus den Händen geben. In diesem Fall sind Sie dadurch, dass Sie sich als hilflos sehen, tatsächlich hilflos *geworden*. Ihr Denken hat also Ihre Erfahrung erschaffen.

Aus der Sicht des *Kurses* bieten solche Momente einmal mehr die Gelegenheit, auf Ihre innere Führung zu hören. Beginnen Sie wie immer mit einem einfachen Gebet: *„Ich könnte stattdessen Frieden sehen."* (Ü-I.34) Wenn Ihre Gedanken sich wieder von der Angst zur LIEBE hinwenden, erlangen Sie auch die Macht zurück, Ihre Erfahrung zu verändern. Dann führen Sie vielleicht weitere Verkaufsgespräche oder besuchen weitere potenzielle Kunden, sitzen aber in jedem Fall nicht in Ihrem Büro und sind von Angst und Panik erfüllt.

Wenn Sie immer noch nicht sicher sind, was „innere Führung" bedeutet, denken Sie daran, dass wir dem *Kurs* zufolge alle die STIMME FÜR GOTT (den HEILIGEN GEIST), eine Stimme für das Selbst (das Ego) und die Macht besitzen, zwischen beiden zu wählen. Dies ist keine „besondere" Gabe, die nur wenigen Menschen zuteilwird, sondern eine Gabe, die für jeden verfügbar ist, auch wenn es im *Kurs* heißt, dass Ihre Fähigkeit, sie zu vernehmen, von Ihrer Bereitschaft abhängig ist, sie zu hören. Konzentrieren Sie sich bei dieser und auch bei allen anderen Herausforderungen, vor denen Sie stehen, auf das, was Sie kontrollieren können (Ihre Gedanken), lernen Sie, auf Ihre innere Führung zu hören und danach zu handeln, und denken Sie daran, dass Sie – komme, was da wolle – immer in Sicherheit sind.

F: Ich hatte gerade eine Auseinandersetzung mit einem Kunden, und ich weiß, dass ich dem Kurs zufolge nicht mein Körper bin und deshalb nicht angegriffen werden kann. In Wahrheit fühle ich mich jedoch gerade extrem angegriffen. Wie kann ich diese Lektion am Arbeitsplatz wirklich praktisch in die Tat umsetzen?

Auch wenn der *Kurs* tatsächlich sagt, dass Sie auf der Ebene des REINEN GEISTES nicht angegriffen werden können, verstehe ich durchaus, wie unbefriedigend sich dies in bestimmten Situationen anfühlen kann. Daher möchte ich hier klarstellen, dass nicht von Ihnen verlangt wird, körperliche Gefühle zu ignorieren oder zurückzuweisen. Es ist tatsächlich eine häufige

Fehlannahme, dass Sie, wenn Sie die Welt durch die Brille der spirituellen Intelligenz betrachten, in irgendeiner Form aufgefordert sind, körperliche Erfahrungen zu ignorieren oder abzulehnen. Das ist nicht der Fall. Der *Kurs* bezeichnet die Ablehnung des Körpers sogar als eine „besonders unwürdige Form der Verleugnung." (T-2.IV.3:11)

Sie sind in Wirklichkeit lediglich dazu aufgerufen, die *Macht* zu verleugnen, die Sie dem Körper zugestehen würden, wenn es darum geht, Ihren Wert und Ihren Erfolg zu bestimmen. Es ist klar, dass Sie in Ihrer Situation aufgebracht sind. Der *Kurs* würde hier jedoch sagen, dass Sie in Wirklichkeit *nicht* wegen der Dinge aufgebracht sind, die Ihr Kunde Ihnen *gegeben* oder nicht *gegeben* hat, und das ist in diesem Fall vermutlich Respekt. Stattdessen sind Sie dem *Kurs* zufolge aufgebracht, weil Sie glauben, Respekt zu brauchen, um sich *vollständig* zu fühlen. Wenn Sie nicht daran anhaften würden, dass man Ihnen Respekt entgegenbringt, dann wären Sie gar nicht erst aus der Fassung geraten.

Statt zum Gegenangriff überzugehen, besteht Ihre Aufgabe also vielmehr darin, herauszufinden, was der betreffende Mensch *in Ihnen* ausgelöst hat, denn *das* hat Sie dazu gebracht, Ihr wahres Selbst zu vergessen und sich angegriffen zu fühlen. Es hat Ihr Egodenken ans Licht gebracht und gibt Ihnen dadurch die Möglichkeit, sich mit ihm zu befassen (und es letztendlich aufzulösen), statt es weiterhin zu verbergen, was nur dazu führen würde, dass es irgendwann unweigerlich erneut in Form von Angriff, Abwehr und Schuldzuweisungen in Erscheinung tritt.

Hier kommt die geistige Schau ins Spiel, denn wenn Sie imstande sind, über das Verhalten des Körpers hinauszublicken, erlangen Sie paradoxerweise die Fähigkeit, auch auf der körperlichen Ebene mit einem höheren Maß an Weisheit zu handeln. Wenn ein anderer Mensch Sie nicht mehr dazu bringen kann, dass Sie sich schwach fühlen, *dann* können Sie nicht länger angegriffen werden, weil Sie einem anderen Menschen nicht länger erlauben, Ihre Geschichte zu schreiben.

F: Ich lese jeden Morgen die Zeitung und stelle fest, dass ich den Stress der Welt in meine Arbeit trage. Wie kann ich informiert bleiben, ohne dass die Nachrichten meinen ganzen Tag beeinträchtigen?

Wenn Sie aus den Nachrichten von einem schrecklichen Ereignis erfahren, kann es sehr leicht geschehen, dass Sie die Angst unterbewusst verinnerlichen und jeden Tag mit zur Arbeit nehmen. Dessen ungeachtet geht es dem *Kurs* zufolge nicht darum, das, was in der Welt geschieht, zu ignorieren oder uns vom Leiden anderer Menschen abzuwenden. Es geht vielmehr darum, unser inneres Gespräch darüber auf eine höhere Ebene zu heben. Lassen Sie sich, wenn Sie beispielsweise eine erschütternde Geschichte sehen oder lesen, nicht in die Negativität hineinziehen, sondern nehmen Sie wahr, was geschieht, und übergeben Sie es Ihrem HÖHEREN SELBST, indem Sie beispielsweise sagen: *„Bitte, hilf mir, dieses anders zu sehen."* Je mehr Sie sich darin üben, Ihren Blickwinkel in dieser Weise zu verändern, umso mehr führen Sie Ihre Ängste von einem *unerkannten* Ort, an dem sie sich in zahllosen Formen von Selbstsabotage zeigen, an einen *bewussten* Ort zurück, an dem sie sanft aufgegeben werden können.

Denken Sie außerdem daran, dass ungeachtet dessen, was im Ausland, auf der anderen Seite der Stadt oder an Ihrem Arbeitsplatz geschieht, dem Sprichwort zufolge *Rachsucht eine faule Form von Kummer* ist. Das heißt mit anderen Worten, dass Ärger in jeder Form gleichbedeutend mit Schwelgen ist. Sogar das Mitleid ist eine Form des Schwelgens. Wird ihnen kein Einhalt geboten, werden beide zu Auslösern für Gefühle der Machtlosigkeit, die sich sehr rasch in Ausreden dafür verwandeln, dass wir im Leben auf der Stelle treten. Ja, wenn schlimme Dinge geschehen, ist es angebracht, dass wir trauern, wütend sind oder uns schlecht fühlen. Das Problem sind nicht die Emotionen selbst. Das Problem ist, dass wir uns darin *suhlen*, denn dies erzeugt die Blockade, die Sie daran hindert, den nächsten Schritt zu gehen. Das gilt übrigens gleichermaßen für Ihre berufliche Laufbahn wie für die Morgenzeitung, denn für sie beide gilt das gleiche Prinzip: *Wenn Sie nur die Probleme sehen, wie können Sie dann für die Lösung offen sein?*

Letztlich geht es also darum, die Zeitung zu lesen, *dann zur Arbeit zu gehen und für die Alternative zu stehen.* Zeigen Sie durch *Ihr* Licht und *Ihr* Beispiel, dass, wenn ein Mensch vom Ärger zum Handeln gelangt, sich Türen für andere Menschen öffnen, es ihm gleichzutun. Diese Form der LIEBE *kann* – richtig eingesetzt – die Welt in ebenso hohem Maße transformieren, wie sie Ihr Geschäft transformieren kann. Zuerst müssen Sie jedoch selbst darin erwachen.

Über Ein Kurs in Wundern

HÄUFIG GESTELLTE FRAGEN

F: *Was ist* Ein Kurs in Wundern?

Auch wenn *Ein Kurs in Wundern* endlos viele Möglichkeiten der Interpretation bietet, ist er in erster Linie das, was der Titel bereits besagt: ein *Kurs*. Schüler finden auf seinen Seiten einen vollständigen Lehrplan für ihre spirituelle Entwicklung und Heilung, die geschieht, wenn das angstbasierte Egodenken gegen die heilige LIEBE eingetauscht wird. Dieser Wechsel der Perspektive ist das „Wunder", das dem Buch seinen Namen gibt.

F: *Inwiefern profitiert meine Arbeit von diesem Weg?*

Angesichts der großen Zerrissenheit und Unsicherheit, die die Geschäftswelt von heute prägen, müssen Führungskräfte auf diese und andere Herausforderungen mehr denn je mit Gelassenheit, Flexibilität und großer Geduld reagieren. Auch wenn *Ein Kurs in Wundern* keine speziell für die Arbeitswelt konzipierte spirituelle Praxis ist, lernen Sie durch die Anwendung seiner Botschaft *auf* Ihre Arbeit, Ihre Situation – wie immer sie aussehen mag – aus einer „wundergesinnten" Perspektive zu betrachten. Das versetzt Sie in die Lage, Ihren Weg durch Herausforderungen und Persönlichkeitskonflikte mit Weisheit und Mitgefühl zu finden, statt dem ausgeliefert zu sein, was in Ihrem Umfeld geschieht.

F: Wie wird das Material präsentiert?

Der offizielle *Kurs in Wundern* umfasst drei Teile:
1. Das Textbuch: einunddreißig Kapitel, die das Denksystem des *Kurses* erläutern
2. Das Übungsbuch: 365 Lektionen (eine Lektion für jeden Tag des Jahres), die Möglichkeiten zur praktischen Umsetzung der Prinzipien des Textes anbieten
3. Das Handbuch für Lehrer: ein Ergänzungstext im Frage-Antwort-Format, der direkte Antworten auf achtundzwanzig häufig gestellte Fragen zum *Kurs* sowie eine Begriffsbestimmung gibt

Einige Ausgaben des *Kurses* enthalten zudem zwei Ergänzungstexte, die ebenfalls von Helen Schucman niedergeschrieben wurden: *Psychotherapie: Zweck, Prozess und Praxis* sowie *Das Lied des Gebets: Gebet, Vergebung, Heilung*. Aus dem zweiten Text wird in diesem Buch zitiert.

F: Wer hat ihn geschrieben?

Ein Kurs in Wundern begann – wie es im Vorwort heißt – „mit dem plötzlichen Entschluss zweier Menschen, sich in einem gemeinsamen Ziel zu verbinden." Die beiden Menschen waren Helen Schucman und ihr Kollege William Thetford. Wie es heißt, sollen Helen und Bill – beide hochrangige Akademiker in einem stark unter Druck stehenden, dysfunktionalen Arbeitsumfeld – zunehmend festgestellt haben, dass die Probleme in ihrem Umfeld auch ihre persönliche Beziehung belasteten.

Im Juni 1965 verkündete Bill schließlich, dass er die offenen Feindseligkeiten und die endlosen hitzigen Besprechungen gründlich satt hatte. In einer Erklärung, zu der ihn sowohl Leidenschaft als auch Erschöpfung getrieben hatten, sagte Bill, er wolle eine neue Form des Umgangs miteinander finden, die auf Güte und Respekt anstelle von Angriff und Schuldzuweisung basierte.

„Es muss", so sagte er, „einen anderen Weg geben."

Helen, die seine Aufrichtigkeit berührte, stimmte ihm aus tiefstem Herzen zu und verpflichtete sich, ihm zu helfen. Diese „kleine Bereitwilligkeit", wie der *Kurs* es später nannte, war alles, was es brauchte, um einen „heiligen Augenblick" zu erzeugen: einen Moment, in dem alle alten Verletzungen losgelassen werden und das Ziel der Heilung geschieht.

Kurz nachdem Helen und Bill übereingekommen waren, sich gemeinsam auf die Suche nach einem besseren Weg der Zusammenarbeit zu machen, begann bei Helen das, was sie als eine verblüffende Reihe lebhafter Träume und seltsamer Bilder beschrieb. Sie begann zudem eine innere Stimme zu hören, die am Abend des 21. Oktober 1965 nach Helens eigenen Worten mit „ruhiger, aber eindrücklicher Autorität" verkündete, was kommen würde.

„Dies ist ein Kurs in Wundern. Bitte zeichne ihn auf."

Im Abschnitt des Vorworts mit dem Titel **Wie es dazu kam** beschreibt Helen ihre Erfahrung mit der Stimme wie folgt:

„Sie war tonlos, schien mir aber eine Art schnelles inneres Diktat zu geben, das ich in einem Stenoheft aufzeichnete."

F: Was war diese „Stimme"?

Von den ersten Sätzen der Einleitung an benutzt der *Kurs* die 2. Person Singular, um den Leser direkt anzusprechen: „Nur die Zeit, in der du ihn machst, steht dir frei." Ab Grundsatz 27 in Abschnitt I von Kapitel 1 wechselt der Text jedoch gelegentlich zur 1. Person Singular: „Ein Wunder ist ein universeller Segen, der von Gott durch mich zu allen meinen Brüdern fließt." Dieser Wechsel setzt sich durch den gesamten Text fort, ist jedoch gerade am Anfang störend, weil Sie sich vermutlich fragen: *„Wer spricht denn nun hier?"*

Helen zufolge ist die Stimme, die sie vernommen hat, die Stimme Jesu, der damit auch der Verfasser von *Ein Kurs in Wundern* ist.

Da wir keine Möglichkeit haben, Helens Erfahrung zu überprüfen, müssen Sie auf Ihrer Reise durch den *Kurs* selbst entscheiden: Ist er das Werk einer phantasievollen Psychologin oder ein wahrhaft himmlischer Durchbruch?

Ungeachtet Ihrer persönlichen Meinung über die Entstehung des Buches ist eines jedoch wahr: Sie müssen nicht daran glauben, dass Jesus der Verfasser des *Kurses* war, um von der Weisheit zu profitieren, die seine Seiten offenbaren.

F: Wer war Jesus im Kurs?

Seit der Entstehung des Christentums gilt Jesus als Gottes einziger Sohn, und das heißt, dass er eine göttliche Stellung erreicht hat, an der wir niemals teilhaben können. Die Botschaft des *Kurses* lautet, dass Jesus Gottes Sohn ist, ja, aber nicht mehr und nicht weniger als Sie selbst. Aus der Sicht des *Kurses* besteht das wahre Vermächtnis Jesu darin, dass er „der erste war, der seinen eigenen Teil darin vollkommen erfüllte." (C-6.2:2) Das heißt, dass er in einem Zustand des Einsseins mit Gott – vollkommen frei von der Wahrnehmung der Trennung – auf der Erde gelebt und damit gezeigt hat, dass es möglich ist. Der *Kurs* sagt nicht, dass Jesus der einzige Mensch gewesen ist oder sein wird, der dazu imstande ist. Er sagt allerdings sehr wohl, dass Jesus angerufen werden kann, um Sie auf Ihre Bitte hin von Ihren eigenen begrenzenden Wahrnehmungen zu befreien. So betrachtet ist Jesus ein „älterer Bruder" (T-1.II.4:5), dessen Rolle darin besteht, Ihnen zu helfen, „die Entfernung (zurück zu Gott) zu überbrücken" (T-1.II.4:5), eine Entfernung, die anderenfalls „zu groß wäre, als dass du sie umfassen könntest" (T-1.II.4:4).

F: In welcher Beziehung steht der Kurs zu anderen spirituellen Wegen? Ist er christlich geprägt?

Im Vorwort des *Kurses* steht, dass er „nur eine Version des universellen Lehrplans ist" und dass „alle am Ende zu Gott führen." Das bedeutet, dass das Erwachen zur heiligen Liebe im Mittelpunkt jedes großen spirituellen Weges steht, und der *Kurs* bildet in dieser Hinsicht keine Ausnahme. Auf die Frage, ob der *Kurs* christlich ist, heißt es im Vorwort, dass er „in seiner Ausdrucksweise christlich" ist, aber „universelle spirituelle Themen" behandelt. Das bedeutet, dass Christen zwar vielleicht die *Sprache* des *Kurses* erkennen, die *Botschaft* aber universell ist und alle religiösen Bindungen überschreitet. Die Antwort auf diese Frage lautet also: ja und nein. *Ja* in dem Sinne, dass es mehr als achthundert direkte Zitate oder Verweise auf Passagen aus der Bibel gibt, ganz davon zu schweigen, dass Jesus der erklärte Sprecher des *Kurses* ist. *Nein*, weil es zwischen der Philosophie des *Kurses* und dem traditionellen Christentum einige grundlegende Unterschiede gibt, denen wir in diesem Buch nachgegangen sind.

Schüler, die in östlichen Traditionen zu Hause sind, werden mit den (in Kapitel 1 erklärten) nichtdualistischen Grundsätzen des *Kurses* gewiss vertraut sein. Tatsächlich wurde der *Kurs* verschiedentlich als der „christliche Vedanta" bezeichnet, weil er mit Teilbereichen der hinduistischen Philosophie übereinstimmt, und jeder, der sich ein wenig eingehender damit befasst, wird sicher auch Übereinstimmungen mit anderen spirituellen Wegen finden. Deshalb ist die Frage durchaus erlaubt, ob der *Kurs* lediglich eine Sammlung alter spiritueller Prinzipien ist, die für moderne Suchende von heute säuberlich verpackt wurden. Zwar kann ich die Behauptung des *Kurses*, aus göttlicher Quelle gechannelt zu sein, nicht glaubhaft verteidigen, weil ich schließlich nicht dabei war, aber ich kann sagen, dass Helen laut der Menschen, die sie kannten, keine andere Religion außer dem Christentum studierte und sogar in Bezug darauf oft genug mit ihren eigenen Glaubensüberzeugungen haderte.

F: Ich komme mit dem Wort „Gott" nicht klar. Ist der Kurs trotzdem für mich geeignet?

Die Vorstellung von Gott ruft bei den Menschen unterschiedliche Assoziationen hervor, die nicht durchweg positiv sind. Auf meiner eigenen spirituellen Reise habe ich eines jedoch gelernt: Je weniger Sie versuchen, das zu benennen, wonach Sie suchen – und je weniger Sie versuchen, das zu benennen, wonach alle anderen suchen sollten –, umso eher wird es Ihnen gelingen, es zu finden. Da wir alle unser eigenes Verständnis von „Gott" haben, ist es also überhaupt kein Problem, wenn Sie es vorziehen, sich nicht dieser Sprache zu bedienen, um zu beschreiben, was Sie darunter verstehen. Wenn ich im *Kurs* lese, ersetze ich „Gott" manchmal durch „Liebe", „Weisheit" oder „Mitgefühl", und es steht Ihnen frei, dies ebenfalls zu tun oder einen anderen Begriff zu verwenden, wenn Sie sich damit wohler fühlen. Im *Kurs* heißt es, dass Worte ohnehin nur Symbole sind. Was zählt, ist die Bedeutung, die wir ihnen geben.

F: Warum verwendet der Kurs männliche Pronomen?

Es stimmt, dass der *Kurs* ausschließlich männliche Begriffe verwendet und zum Beispiel von Gott als „ER" spricht oder sich auf die „SÖHNE GOTTES" als „Brüder" bezieht. Es ist natürlich verständlich, dass dies bei Schülern, die fürchten, diese Sprache könne eine nicht sonderlich subtile Botschaft von Macht, Einfluss und Hierarchie aussenden, ein Stirnrunzeln auslöst oder gar die Alarmglocken läuten lässt. Deshalb möchte ich an dieser Stelle sehr deutlich sagen, dass der *Kurs* in keiner Weise an Geschlechterfragen interessiert ist. Der *Kurs* handelt von spiritueller Entwicklung, und *der reine Geist hat kein Geschlecht.* Außerdem ist es ein Mangel der meisten Sprachen, dass es kein Wort gibt, das „er" und „sie" in einem grammatikalisch korrekten Pronomen zusammenfasst. Dies ist jedoch unser Problem, nicht das des *Kurses.* Wenn die patriarchalische Sprache Sie ablenkt, steht es Ihnen natürlich frei, sie durch Worte zu ersetzen, die sich für Sie richtig anfühlen. Noch besser ist es, wenn wir, wie der *Kurs* uns mahnt, die Worte ganz vergessen und *uns für die Erfahrung entscheiden.*

F: Gibt es mehrere Versionen des Kurses?

Als *Ein Kurs in Wundern* 1976 erstmalig veröffentlicht wurde, nahmen die Leser an, dass das darin enthaltene Material vollständig und in genau der Form präsentiert wurde, wie Helen Schucman es gehört hatte. Dann tauchten im Jahr 2000 plötzlich erst ein früheres Manuskript und kurz darauf der Urtext im Internet auf, bei dem es sich um den ursprünglichen Entwurf handelte, den Bill direkt von Helens handschriftlichen Aufzeichnungen abgetippt hatte. Das hat zu großer Verwirrung und dazu geführt, dass in Kreisen des *Kurses* immer noch Debatten darüber geführt werden, welcher Text das „authentische" Material darstellt.

Die kurze Antwort lautet also: *Ja,* es gibt unterschiedliche Versionen des *Kurses,* wobei die Überarbeitungen größtenteils jedoch nur die ersten vier Kapitel betreffen. In den ersten Entwürfen haben sie eher den Charakter einer Unterhaltung zwischen Helen und der STIMME, und man war später der Ansicht, dass diese Unterhaltung voller Fehler und Diskrepanzen steckte, die aus der Angst Helens vor dem Prozess resultierten. Viele Schüler des *Kurses* haben ihre bevorzugte Version, aber getreu dem *Kurs* selbst kommt es letztlich nicht auf die Form des Buches an, sondern auf den Inhalt der Botschaft, die in allen Versionen unverändert gleich ist.

Die ursprünglichen Vier, denen wir *Ein Kurs in Wundern* verdanken

Schreiberin: Helen Schucman (1909–1981), klinische Psychologin und Professorin an der medizinischen Fakultät der Columbia University in New York. Helen schrieb *Ein Kurs in Wundern* nach einem inneren Diktat nieder, dessen Autor sie als Jesus identifizierte. Nach der Niederschrift und Überarbeitung des Materials sprach Helen selten öffentlich über ihre Verbindung zum *Kurs*, und die Rolle, die sie bei seiner Entstehung gespielt hatte, kam noch nicht einmal bei ihrer Beerdigung zur Sprache.

Co-Schreiber: William Thetford (1923–1988), Professor an der medizinischen Fakultät der Columbia University und Leiter der klinischen Psychologie am Columbia-Presbyterian Hospital, das heute New York-Presbyterian Hospital heißt. Bill war der erste Mensch, dem Helen sich anvertraute, als sie die Niederschrift begann, die zu *Ein Kurs in Wundern* werden sollte. Bills Angebot, Helens kurzschriftliche Notizen in die Maschine zu tippen, war ursprünglich als hilfreiche Geste gedacht, um ihr die Sorge darüber zu nehmen, dass sie „eine Stimme hörte". Als sich die Tiefe und Komplexität des Buches jedoch immer weiter entfalteten, übernahm er die Aufgabe insgesamt sieben Jahre lang, nämlich von 1965 bis 1972. Nach der Vollendung des ursprünglichen Manuskripts blieb Bill, der nicht die gleiche innere Stimme hörte wie Helen, bis zu seinem Tod im Jahr 1988 ein stiller Schüler des *Kurses*.

Lektor: Kenneth Wapnick (1942–2013), klinischer Psychologe und der erste Lehrer von *Ein Kurs in Wundern*. Ken begegnete Helen und Bill erstmals im Herbst 1972 nach der Fertigstellung des ursprünglichen Manuskripts (dem Urtext). Nachdem er das Material gelesen hatte, beschloss Ken, der eigentlich Mönch werden wollte, nicht in ein Kloster einzutreten, sondern arbeitete stattdessen eng mit Helen zusammen, um den *Kurs* für die Veröffentlichung zu überarbeiten und vorzubereiten. Ken wurde ein erfolgreicher spiritueller Lehrer und Experte, der im Laufe seines Lebens vierunddreißig Bücher über den *Kurs* schrieb.

Herausgeberin: Judith Skutch Whitson (geb. 1933), Professorin für experimentelle Psychologie an der New York University und Geschäftsführerin der Foundation for Inner Peace. Judith erhielt im Frühjahr 1975 eine Kopie des *Kurses* von Helen und Bill. Begeistert von den Erkenntnissen, die das Buch vermittelte, sorgte sie dafür, dass ein Jahr später die Erstausgabe des *Kurses* erschien, und ist seit dieser Zeit aktiv an seiner Herausgabe beteiligt.

DANKSAGUNGEN

Mein tiefempfundener Dank gilt …

Linda Konner, meiner Agentin. Ich weiß, dass dieses Buch für dich eine ebenso große Überraschung war wie für mich selbst, und ich danke dir für deine anhaltende Unterstützung und deinen Rat, den ich sehr schätze.

Jennifer Brown, Haven Iverson, Sarah Gorecki und Tami Simon – meiner Familie bei Sounds True – dafür, dass ihr an dieses Projekt geglaubt und mir die Gelegenheit gegeben habt, es zum Leben zu erwecken. Ich danke außerdem Jennifer Holder dafür, dass sie sich von Anfang an für *Wunder geschehen in jedem Augenblick* stark gemacht hat, und auch Sheridan McCarthy dafür, dass sie es bis zum Schluss liebevoll begleitet hat.

Kenneth Wapnick und Marianne Williamson, meinen Mentoren, deren Redekunst, fundiertes Erfahrungswissen und fruchtbare Lehren mir und vielen anderen Menschen den *Kurs* erschlossen haben. Wenn Sie glauben, dass dieses Buch Ihr Verständnis für den *Kurs* vertieft hat, gehört die Anerkennung dafür größtenteils diesen Lehrern und ihrem außergewöhnlichen Schatz an Ressourcen. Marianne, du bist meine Heldin, und es ist eine große Ehre für mich, dass du mir deine wunderbaren Worte als Vorwort zu diesem Buch geschenkt hast. Ich danke dir aus tiefstem Herzen.

Robert Perry für dein zutiefst beeindruckendes und unerschütterliches Bekenntnis zur Integrität des *Kurses* und für dein frühes Feedback, das diesen Seiten enorm zum Vorteil gereicht hat.

Judith Skutch Whitson, der Foundation for Inner Peace, der Foundation for *A Course in Miracles*, Pathways of Light, dem Miracle Distribution Center, Jon Mundy, Beverly Hutchinson McNeff und Carol Howe dafür, dass ihr für die Schüler des *Kurses* so inspirierende und engagierte Lichtträger seid.

Gabrielle Bernstein dafür, dass du mich – natürlich am 3.11.11 – mit dem *Kurs* bekannt gemacht hast. Es war dein strahlendes Licht, das mir diesen Weg offenbart hat, und dafür werde ich dir immer dankbar sein.

Viktor Frankl, Stephen Covey und Mel Robbins dafür, dass ihr mir „den Raum" zwischen Reiz und Reaktion gezeigt habt.

Den Mönchen der Abbey of Gethsemani und der Mepkin Abbey dafür, dass ihr mir eure heiligen Türen geöffnet, mich durch eure Disziplin inspiriert und mir einen stillen Raum für das Schreiben dieses Buches zur Verfügung gestellt habt.

Meinen Eltern Paul Bennington und Lynn Cook für die vielen Lektionen, die ihr mich in diesem Leben gelehrt habt.

Johnny, Christian und Liam Tugwell. Es gibt keine Worte, die ausdrücken könnten, welch eine Freude und welch ein Privileg es ist, diesen sich unaufhörlich windenden Weg gemeinsam mit euch zu gehen.

Und schließlich den Wunderwirkenden, die ihr euch verpflichtet habt, das Licht zu bringen, für die Alternative zu stehen und eure GRÖSSE jeden Tag neu mit anderen Menschen zu teilen. Ich verbeuge mich vor euch allen.

ENDNOTEN

Einführung: Ist die Geschäftswelt spirituell?

1. Pew Research Center Religion & Public Life: *The Global Religious Landscape Survey.* pewforum.org/2012/12/18/global-religious-landscape-exec/, 2012.
2. Bureau of Labor Statistics: *American Time Use Survey.* bls.gov/tus/charts/home.htm, 2014.

Kapitel 1

1. Cindy Wigglesworth: *Spirituelle Intelligenz: 21 Schritte zu innerem Frieden.* Reinbek bei Hamburg: Rowohlt-Taschenbuch-Verlag, 2014.

Kapitel 2

1. Die meisten Programme zum Thema spirituelle Intelligenz, die speziell für den Einsatz in der Wirtschaft entwickelt wurden, befassen sich *mit Absicht* nicht mit dem Glauben, um religiöse Debatten zu vermeiden. Mehr zu diesem Thema finden Sie in Kapitel 7.

Kapitel 7

1. Cindy Wigglesworth: *Spirituelle Intelligenz: 21 Schritte zu innerem Frieden.* Reinbek bei Hamburg: Rowohlt-Taschenbuch-Verlag, 2014.

Kapitel 8

1. Nach *Ein Kurs in Wundern* (T-2.VI).

Weitere Bücher aus dem Verlag Via Nova:

Umarme dein Leben, wie es ist
Nicht das Glück suchen, sondern glücklich sein
Jeff Foster

Paperback, 320 Seiten, ISBN 978-3-86616-421-5

Jeff Foster kennt die Wege und Irrwege der spirituellen Suche aus höchst eigener Erfahrung und sendet uns in diesem Buch inspirierende Botschaften aus dem unmittelbaren Erleben des Erwachens: Gedichte, Selbstreflektionen und Aufsätze, in denen jederzeit spürbar ist, wie sehr es ihm ein Herzensanliegen ist zu vermitteln, dass das „Ankommen im Jetzt" viel einfacher ist, als wir alle denken. Kann man wirklich in jedem Moment zur Ruhe kommen, ganz gleich wie hoch die Wellen schlagen? Ja! Jeff Foster zeigt uns, dass das Geheimnis offen vor uns liegt: Vertraue auf die kreative Lebendigkeit und Intelligenz des eigenen Seins! Umarme dich und dein Leben, ganz gleich, wie es sich gerade gestaltet! Liebevoll, tiefgründig, heiter und poetisch - eine großartige Inspirationsquelle für spirituell Erwachte!

Ich bin bei Euch
Botschaften aus der göttlichen Welt für eine neue Zeit
Eva Maria Leonard

Hardcover, 176 Seiten, mit 24 farbigen Bildern, ISBN 978-3-86616-393-5

Im Spätsommer des Jahres 2013 nahm Eva Maria Leonard Fotos von ihrem Garten auf und machte eine erstaunliche Entdeckung: Auf den Fotos zeigten sich unerklärliche, in Licht gefasste Formen mit einer unglaublich intensiven, tief berührenden Ausstrahlung. Ganz so, als würden sie ein Tor zum göttlichen Licht öffnen, durch das die höchste Schwingung der Freude, der Liebe und des Friedens direkt in das Herz des Betrachters fließen kann. Schon bald kamen Botschaften aus der geistigen Welt hinzu, die ein allumfassendes Verständnis unseres Daseins vermitteln. Sie geben Orientierung, Halt und Zuversicht in einer sich verändernden Welt. Dieses Buch gibt Zeugnis von der Weisheit und Liebe göttlicher Präsenz, die uns jeden Moment umgibt und heilende Energien sendet, damit wir in neuem, erwachten Bewusstsein den Weg in eine lichtvolle Zukunft gehen können.

Dein Herz ruft nach Liebe
Wie deine Partnerschaft erblühen kann
Chuck Spezzano

Hardcover, 224 Seiten, ISBN 978-3-86616-390-4

Die Liebe - immer wieder die Liebe! Was sonst? Solange wir nicht vollkommen durchdrungen sind von dieser alles umfassenden Kraft, die jeden Moment strahlt, pulsiert und uns in ihrer ganzen Zartheit und Lebendigkeit erfüllt, so lange sind wir Lernende. Und erst, wenn unsere Herzen wirklich Quell des nicht endenden Lichts und Mitgefühls geworden sind, erst dann sind wir am Ziel, erst dann haben wir unsere wahre Bestimmung gefunden als wirkender Teil des Göttlichen. Der Autor öffnet uns Türen, zeichnet uns Wege, gibt uns Hinweise, Ausblicke, Inspirationen und nimmt uns an die Hand, um uns sicher durch das innere Labyrinth zu geleiten.